D1082679

PUISSANCE AU CENTRE

JEAN BÉLIVEAU

DISCARD / ÉLIMINÉ

04382

BIBLIOTHÈQUE PUBLIQUE DE
ST - ISIDORE DE PRESCOTT

PUISSANCE AU CENTRE

JEAN BÉLIVEAU

Hugh Hood

LES ÉDITIONS DE L'HOMME

CANADA: 1130 est, rue de La Gauchetière, Montréal 132

- Maquette de la couverture: JACQUES DESROSIERS
- Photo de la couverture: PAUL GÉLINAS

- Distributeur exclusif:

POUR LE CANADA

AGENCE DE DISTRIBUTION POPULAIRE INC.
955, rue Amherst, Montréal 132 (523-1600)

 2

LES ÉDITIONS DE L'HOMME LTÉE

TOUS DROITS RÉSERVÉS

Copyright, Ottawa, 1972

© 1970 par Prentice-Hall of Canada, Ltd.
Edition les Editions de l'Homme réimprimée par accord avec
Prentice-Hall of Canada, Ltd., Scarborough, Ontario.

Bibliothèque Nationale du Québec
Dépôt légal — 3e trimestre 1972

I.S.B.N.-0-7759-0337-x

*A mes copains
de la Ligue de Hockey des Sportsmen*

LES PHOTOS

Nos remerciements vont aux personnes qui nous ont accordés la permission de reproduire les photographies suivantes:

Harold Barkley, pages 86 et 95;

David Bier, pages 27, 54, 64, 73, 78, 82, 83, 98, 101, 103, 153 et les pages de garde;

Denis Brodeur, pages 18, 19, 21, 24, 32, 37, 43, 89, 92, 106, 111, 114, 117, 120, 127, 130, 133, 136-137, 139, 141, 146, 149, 155, 160, 162, 166-167, 170 et 183;

C.I.P. Studios, page 180;

Gilles Corbeil, "Le Petit Journal", page 108;

W. Dagenais, page 186;

Jacques Doyon, page 93;

Louis Lanouette, page 69;

André Loiselle, page 177 (en bas);

Tom Scurfield, Sun Life Assurance Co., page 177 (en haut);

Studio Saint-Jean-Baptiste, Victoriaville, page 50 (en haut);

Sam Tata, pages 164 et 173;

World Wide Photo, pages 14, 80 et 191.

Table des Matières

Prologue

Nous sommes en Californie, au mois de juillet. Le temps est lourd, écrasant. De passage sur la côte ouest où il prend de trop brèves vacances, Jean Béliveau rend une visite sans caractère officiel au camp d'entraînement des Rams de Los Angeles, au California State College de Fullerton, où l'entraîneur George Allen s'occupe à soumettre quatre-vingts des meilleurs footballeurs du monde aux rigueurs de l'entraînement présaisonnier.

"Jean, dit Allen, j'aimerais que tu dises un mot à l'équipe, ce soir: parle-leur de toi et des Canadiens."

Jean hésite: "Mais ils ne me connaissent pas, ces gars-là!

—Jean, réplique l'entraîneur, je sais que sur les seize ans que tu as passés chez les Canadiens, ils ont remporté la Coupe Stanley neuf fois; je sais également que depuis cinq ans, vous avez été quatre fois champions du monde. Ce que j'essaie d'inculquer à mes joueurs, c'est une mentalité de champions et je sais que tu m'aiderais grandement en racontant à mon équipe tout ce qu'il faut, d'après toi, pour devenir un champion.

—Comment refuser? répond-il."

C'est promis. Après huit dures heures de travail, les Rams se présentent à leur réunion. Loin du champ d'exercice et de ses rudes contacts, on se détend un peu, mais l'arrivée de George Allen amène un silence absolu, une concentration totale, jusqu'au moment où il esquisse un sourire. "Qui est-ce qui l'accompagne? chuchote-t-on à l'arrière de la salle; mais, c'est Béliveau." C'est que plusieurs d'entre eux, ardents amateurs de hockey, l'ont vu jouer, soit contre les Kings au nouveau Forum de Los Angeles, soit dans quelque autre ville du circuit de la L.N.H.

Les chuchotements s'éteignent bientôt: "Vous connaissez tous, dit l'entraîneur, celui qui se tient à mes côtés. Qu'il me suffise de dire que Jean va commencer, en septembre, sa dix-septième saison chez les Canadiens de Montréal."

Un murmure admiratif accueille ces mots: dix-sept ans d'un sport qui est, physiquement, aussi rude que le football.

"Dix-sept ans à être un champion, à faire partie d'une dynastie du hockey, dit l'entraîneur Allen. A trente-sept ans, Jean n'a rien perdu de l'élan qui fait les champions. J'ai le vif plaisir et l'honneur de vous présenter Jean Béliveau, des Canadiens de Montréal."

Les Rams lui font une ovation à tout rompre.

"Ce que j'ai à vous raconter, leur confie Jean, vous le savez déjà." Ses yeux font le tour de la salle: l'athlète aux proportions imposantes se voit entouré d'hommes dont la taille égale et même dépasse la sienne. "Une ou deux choses, peut-être..." Sans se presser, les yeux dans les yeux, il leur parle quelques moments. Il n'a pas besoin de dire aux Rams qu'il est un champion.

Ce que vous allez apprendre, à la lecture de ce livre, ce sont les choses que Jean n'a pas dites lors de cette réunion: les dons, les épreuves, les victoires, les vingt années d'expérience qui l'ont façonné; en un mot: comment on devient champion.

PUISSANCE AU CENTRE:
JEAN BÉLIVEAU

1

Les éliminatoires

Minuit et demie: on en est à la moitié de la deuxième période de surtemps; c'est à croire qu'elle ne finira jamais, cette partie qui voit se rencontrer, pour la sixième fois, les finalistes de la division est de la L.N.H. De toute la soirée, Béliveau n'a pas vraiment eu une bonne occasion de compter. Chez lui, comme chez tous les autres joueurs des Canadiens et des Bruins, la compétition des six dernières parties commence à faire sentir ses redoutables effets: jambes, épaules, bras, tout lui fait mal.

Une tape sur l'épaule, à la onzième minute, l'envoie, en compagnie de Claude et de Ferguson, faire face à la ligne Esposito. Ferguson peut s'occuper de Kenny Hodge; quant à Claude, il colle à Ron Murphy comme son ombre. Pour Jean, il s'agit d'éloigner la rondelle d'Esposito et de forcer le jeu. Après un peu d'hésitation de part et d'autre, Jean, Ferguson et Claude portent la rondelle dans la zone du Boston; la foule trépigne; le jeu se déplace à la droite du filet, mais Gerry Cheevers couvre bien son coin: aucune chance de compter. Jean croit observer que la rondelle change de mains; ce jeu, il l'a déjà vu maintes et maintes fois: c'est John Ferguson qui se dirige vers le coin droit, tandis que le jeu se dessine, pour battre de vitesse le joueur de défense du Boston. Confiant que Claude Provost sera bien posté pour faire la mise en échec, Jean, à longues foulées, sort de la zone du Boston.

Durant la deuxième période de surtemps, alors que Don Awrey du Boston s'étend sur la glace pour écarter le lancer, Jean Béliveau lance la rondelle dans le filet de Gerry Cheevers. Les Canadiens gagnent 2-1 pour les placer dans les finales; avril, 1969.

L'inévitable se produit: en se tournant, il voit la rondelle longer la rampe, en-deça de la ligne bleue du Boston. D'instinct, il sait que Claude Provost s'en empare. Vite, il va se poster devant le filet, où la rondelle vient le trouver. Il sait où est Cheevers, où se trouvent son bâton, son gant, son épaule; presque sans regarder, il vise le haut du coin droit avant que le gardien ait le temps de réagir: la série est finie. Finie!

*   *   *

Février, déjà. Chez les Canadiens, ça ne va pas: ils sont à six points de la tête de la division est et les Bruins qui mènent, ont une partie de plus qu'eux à jouer. Depuis Noël, les blessures posent des problèmes; ni le gardien régulier, Worsley, ni Vachon, son substitut, n'ont pu jouer régulièrement, si bien que Tony Esposito, malgré son inexpérience, a dû jouer onze parties; Gilles Tremblay n'a pas été en forme de la saison; quant à Ralph Backstrom, il a de la difficulté à compter. Pour comble de malheur, il circule une étrange rumeur, rue Sainte-Catherine, entre Guy et le Forum, partout où se rencontrent les amateurs de hockey: Jean Béliveau serait fatigué, mais Ruel ne peut lui accorder de repos, parce qu'il lui faut absolument de la puissance au centre.

A l'horizon, la dernière des harrassantes tournées de la saison, pendant les dix jours que durera, au Forum, le spectacle sur glace. Sept mille milles de vol et cinq parties, un véritable test d'endurance. Si les Canadiens peuvent décrocher six points sur dix, ils seront en bonne posture, parce que les Bruins, de leur côté, vont faire, à la fin du mois, un voyage encore plus dur: six parties d'affilée à l'étranger; c'est eux qui vont subir la pression. Pourvu que Jean puisse tenir le coup . . .

Le samedi soir, tandis que l'avion attend l'équipe à Dorval, Jean prépare le premier but contre les Rangers, un but compté par John Ferguson à 2:02 de la période initiale; les Rangers sont pris par surprise devant une des plus nombreuses assistances de l'année. A 6:05, les Canadiens portent leur avance à deux buts: Gilles Tremblay, aidé de Rousseau. Une minute plus tard, on annonce: "Le but du Canadien compté par Jean Béliveau"; le compte est maintenant de 3 à 0. Le compte final sera Montréal 6, New-York 2. Les amateurs s'en retournent rassurés. Au bar, à la taverne ou devant leur TV, ils se détendent; les joueurs, eux, se débarrassent en vitesse de leur équipement; vite, la douche, la cravate, puis l'autobus vers l'aéroport, d'où l'avion part à minuit pour Chicago, où l'on n'arrivera qu'à l'aube. Le temps de se rendre à l'hôtel et de trouver sa chambre, il est déjà quatre heures du matin, heure de Chicago, et il faut jouer dans l'après-midi; c'est la partie de la semaine, à la TV américaine.

Au restaurant de l'hôtel, au déjeuner, les joueurs semblent dispos; ce prodige d'énergie, tous ces athlètes extraordinaires le trouvent, eux, tout naturel. Pour les quelque 20000 spectateurs qui s'entassent dans le Stadium de Chicago, les chandails-tricolores ont l'air aussi menaçant que si les Canadiens venaient de prendre une semaine de repos.

Worsley s'est bien tiré d'affaire contre les Rangers, mais Ruel sait bien que Rogatien Vachon a été, toute l'année, la terreur des Black Hawks; le "kid" aime jouer contre eux. Amenez-les, vos gros canons, Hull, Mikita et compagnie: ils ne lui font pas peur du tout.

"J'aime ça, jouer contre les Hawks, déclare Rogatien; ils commencent à me bombarder dès le début de la partie, et ça me tient éveillé." Le voilà donc devant ses filets, avec ses grands favoris; à le voir aussi calme, on le dirait en train de veiller au salon et pourtant, il y a là 20000 personnes, en plus des caméras de la télévision. On joue à découvert; le compte sera élevé: au milieu de la deuxième période, les Hawks mènent par 3 à 2.

Tout à coup, à 13:29, un but de Béliveau, sans aide, égalise le compte. Environ quatre minutes plus tard, Jacques Laperrière est pénalisé et Chicago commence à forcer le jeu; un peu trop, même: quelques instants après, Eric Nesterenko est chassé pour cinq minutes, et on lutte à armes égales. Les Canadiens n'en demandent pas plus: à 17:56, un but de Béliveau, aidé de Cournoyer, leur donne l'avantage.

Au début de la troisième période, la foule est bruyante, mais elle se tait brusquement, à 3:30, lorsque Béliveau compte, aidé de Jean-Claude Tremblay. Pour Jean, c'est le tour du chapeau, ses vingt-et-unième, vingt-deuxième et vingt-troisième buts de la saison. Le compte est maintenant de 5 à 4, et les Canadiens gardent leur avance. Jean a donc compté un but égalisateur, un but d'avance et le but vainqueur. Il y ajoute une aide sur le but de rassurance: Cournoyer, aidé de Ferguson et Béliveau, au milieu de la troisième période. A Montréal, les sportifs respirent: "Pas mal!"

Alors, en route! C'est maintenant l'avion pour Oakland, où l'on jouera deux parties au milieu de la semaine. A leur arrivée à Oakland, le mercredi, les Canadiens viennent de rencontrer le New-York et le Chicago dans le même week-end; ils sont fatigués. Les Seals n'attirent pas encore les grandes foules qu'on voit au Stadium de Chicago; il n'y a que cinq mille cinq cents spectateurs, ce soir, mais rien ne peut décourager les Seals ce soir-là. Ils jouent un jeu d'enfer après le premier but compté par Rousseau et leur retour de cinq buts restera sans riposte. Claude Ruel est au supplice. Boston ne jouait pas, ce soir; Montréal aurait pu gagner deux points. C'est raté: 5 à 1. La foule n'est pas nombreuse, mais elle fait plus de tapage que Claude n'en veut, au moment où son équipe quitte la patinoire pour prendre en vitesse l'avion de Los Angeles.

À Los Angeles, plus de onze mille spectateurs. Est-ce l'orgueil blessé? Toujours est-il que l'équipe fait meilleure figure que la veille. Il ne se passe rien à la première période, mais dès le début de la deuxième, les Canadiens concèdent le premier but. C'est une mauvaise habitude qu'ils ont eue toute l'année, de laisser l'adversaire compter le premier but. Mais l'équipe se met à patiner et compte trois buts d'affilée, n'en laissant passer qu'un seul, puis Béliveau compte le but de rassurance, à la fin de la deuxième période; ce sera tout: le compte final sera de 4 à 2; à moins que les Kings ou les Seals ne causent une surprise lors des éliminatoires, les Canadiens n'auront plus à se rendre plus loin que Saint-Louis, d'ici la fin de la saison.

Entre Los Angeles et Minneapolis-Saint-Paul, il n'y a que la moitié d'un continent, et la perspective d'une journée de repos ragaillardit tout le monde, sauf Gilles Tremblay, qui souffre encore de troubles respiratoires. Avant Noël, il s'est logé dans ses poumons un étrange virus bronchique, qui l'empêche de bien patiner et de retrouver toute sa coordination, et ce voyage épuisant n'est pas fait pour améliorer son état.

Quant aux autres joueurs de l'équipe, la journée de congé leur redonne de l'élan, et c'est remplis de confiance qu'ils sautent sur la glace devant une foule de près de dix-huit mille spectateurs, la plus considérable de la saison pour les Stars; ils pêchent même par excès de confiance: Bill Collins compte dès la première minute pour les Stars. Collins est un avant défensif, mais devant Rogatien, le voilà toutes griffes dehors. Et pour comble, les Stars comptent un deuxième but au milieu de la période. Les Canadiens laissent encore l'adversaire prendre les devants, mais vers la fin de la période, Cournoyer compte, puis prépare le but égalisateur de Béliveau. Enfin! Par la suite, ça va tout seul: les Canadiens gagnent par 6 à 3. Les partisans du Minnesota ne sont pas contents, mais Ruel et Pollock non plus; c'est tout de même deux points de gagnés.

Même chose à Saint-Louis, le lendemain soir. Voilà une équipe qui n'a jamais battu les Canadiens, bien que la moitié de ses joueurs viennent de leur réseau. Il y a les Plante, Picard, Talbot, Harvey, Roberts, Berenson, McCreary et l'instructeur Scotty Bowman. Ils veulent tellement battre leur ancienne équipe, que ça les paralyse. Et pourtant, ce soir, ils comptent les trois premiers buts, qui reviennent à Sabourin, Ab McDonald et Ecclestone. La foule, qui remplit le stade à craquer, essaie de lancer son équipe à

Roberts et Worthy (au filet) du Oakland.

Ferguson, Savard (18) et Béliveau devant le filet du Boston, défendu par Cheevers et Green (6).

De g. à dr.: Cheevers, Awrey, Green et Béliveau.

Béliveau et Rousseau contre Arnie Brown et Ed Giacomin du New York.

la victoire à force de poumons; pendant ce temps, les Canadiens regardent virevolter leurs adversaires, les saluant même au passage. Les Blues sont partout, et personne n'y fait rien, jusqu'au moment où Dick Duff compte, juste avant la fin de la deuxième période. Qu'est-ce qu'on dit, au vestiaire, après avoir passé quarante minutes à ne rien faire?

Dernière période. Savard, sans aide, compte un but magnifique, à 6:07, mais Red Berenson fait reperdre l'équilibre aux Canadiens, en redonnant aux Blues une avance de deux buts, à 12:06, à huit minutes à peine la fin.

12:07, 12:08, 12:09, les secondes avancent; si les Canadiens ne marquent pas bientôt, les Blues vont les battre; 12:25, 12:26, 12:27...

UN BUT. Béliveau, aidé par Lemaire, à 12:28.

Ca électrise les gars; ils commencent à se remuer, tout juste assez pour que Rousseau égalise le compte, à 15:56. Partie nulle; un point de gagné; c'est la fin de la tournée. En cinq parties, ils ont accumulé sept points sur dix. Pour arriver à faire cela à l'étranger, il faut tout de même être en forme!

Cela donne la respectable moyenne de .700, mais ils sont *encore* à six points des Bruins, ce qui agace toute l'équipe. Ils jouent, ils gagnent, mais ils n'avancent pas. Samedi prochain, ils rencontrent Boston, et alors, on verra bien. C'est la semaine que les Canadiens choisissent pour chambarder le classement. Le mardi soir, les Kings arrivent au Forum; fidèles à leur scénario, les Canadiens leur laissent compter le premier but, et il faut que Jean rétablisse les choses: "Le but compté par Jean Béliveau, assisté de Jacques Lemaire et Yvan Cournoyer; le temps, 8:15." Ed Joyal compte le deuxième but des Kings avant la fin de la première période; Jean se rattrape au début de la deuxième. La foule, pas très nombreuse, est contente; elle le sera encore plus quand Jean récitera son rôle familier: "ça suffit! " en comptant ses troisième et quatrième buts de la partie, au milieu de la deuxième période. C'est la troisième fois qu'il marque quatre buts en une partie dans la Ligue Nationale. Un seul joueur le dépasse, et ce n'est pas Gordie Howe. Ruel laisse Jean se reposer à la troisième période; la foule murmure: on aimerait bien lui en voir compter cinq, peut-être bien six.

Le même soir, Boston bat Chicago. La situation demeure inchangée.

Attendons un peu, voyons ce qu'ils vont faire sans Esposito, se dit l'équipe. Samedi dernier, les Flyers ont piqué Phil au vif; victime d'une pénalité discutable, il a bousculé l'arbitre Sloan. Esposito? Difficile à croire, mais vrai, avec le résultat qu'on lui interdit de jouer pendant la semaine du 19 février, contre Pitts-

burgh et New-York. Il sera là, samedi, contre les Canadiens, mais la suspension à venir l'ennuie, de toute évidence.

Le jeudi, les Canadiens battent Détroit par 3 à 1 à l'Olympia, pour se rapprocher à quatre points de la tête. Le samedi soir, la foule sera l'une des plus considérables de la saison. Pas question de laisser l'adversaire compter le premier but: contre Boston, ce serait un pur suicide. Henri Richard ouvre le pointage, tard dans la première période, puis Don Marcotte réplique, tard dans la deuxième. Les Canadiens emportent le morceau à la troisième, grâce à un but de Ferguson, aidé de Blackstrom et Laperrière, puis c'est Béliveau qui compte le but de rassurance.

Le dimanche soir, 16 février, ça y est. Boston continue sa tournée avec une défaite de 5 à 1 aux mains de Chicago; Esposito ne fait rien qui vaille. A Pittsburgh, Béliveau ne fait guère mieux, se contentant d'une aide lors du but final d'une victoire de 4 à 0; mais les Canadiens et le Boston sont ex aequo en tête de la division est, avec soixante-dix-huit points chacun; chose encore plus encourageante, Backstrom compte deux buts à Pittsburgh. Dans cette ligue-ci, si l'on n'a pas trois bons joueurs de centre, autant rester chez soi. Henri Richard a retrouvé sa forme des beaux jours, et Béliveau reste égal à lui-même. Quant à Backstrom, ses deux buts peuvent faire chez lui toute la différence au monde. Bien sûr, le Boston a deux parties de plus à jouer, mais il en a quatre à jouer à l'étranger, d'ici quinze jours, sans compter qu'il va devoir se passer d'Esposito à Pittsburgh et à New-York.

Les battre chez eux n'est pas une mince besogne, mais leur dernière tournée leur porte le coup fatal: quatre défaites d'affilée, à Montréal, à Chicago, à Pittsburgh (en l'absence de Phil), puis à New-York où, devant une foule record, encore privés des services d'Esposito, ils subissent un humiliant revers de 9 à 0. Il est impossible à une équipe de s'approcher du championnat de sa division ou de décrocher la Coupe Stanley au terme de trois dures séries éliminatoires, sans trois joueurs de centre qui puissent tenir le jeu bien en main.

A leur dernière tournée dans l'ouest, au retour d'Esposito, ils gagnent deux fois, par 4 à 2 contre les Kings, puis par le compte écrasant de 9 à 0 contre les Seals, ce qui fait enrager la foule record venue encourager les siens, à Oakland. Le grand joueur de centre a accumulé huit points en une semaine, pour dépasser les 100 points pour la première fois dans l'histoire de la L.N.H.; trop tard! De retour au Garden de Boston, les Bruins se remettent à dominer leurs adversaires; c'est évident, maintenant: dans une série éliminatoire entre Boston et Montréal, l'avantage ira à l'équipe qui jouera chez elle.

On sait que dans les séries éliminatoires, les premières parties se jouent chez celle des deux équipes qui s'est le mieux classée dans la saison régulière; dans une série qui se prolonge jusqu'à la limite, elle joue chez elle quatre fois. Mais il y a encore plus: l'instructeur de l'équipe qui joue chez elle a *le dernier mot* dans toute série de substitutions. En d'autres termes, c'est lui qui détermine laquelle de ses formations va rencontrer chacune des formations de l'équipe opposée. Pour Claude Ruel, voilà qui est extrêmement avantageux. Il ne veut pas gaspiller Béliveau à lui faire tenir en échec Esposito: ce serait faire annihiler mutuellement leur jeu, rendre la partie ennuyante et, surtout, bouleverser sa stratégie en laissant la partie, non plus aux mains des joueurs de centre, mais à celles des ailiers. Cela donne toujours comme résultat une joute échevelée, toute pleine d'imprévus. Le bon instructeur aime voir les joueurs de centre préparer les jeux et les ailiers rester à leurs postes et faire de l'échec arrière.

Dès le début de mars, Ruel commence à expliquer combien il importe que son club termine la saison en tête de la division, principalement parce que sa tactique dépendra des substitutions qu'il sera en droit de faire. Il opposera Béliveau à Mikita, parce que Jean est de beaucoup le plus grand et le plus lourd des deux et qu'il domine souvent un adversaire plus petit. Esposito, au train où il va cette année, pose un tout autre problème: on ne lui oppose pas son meilleur compteur, mais plutôt un joueur de centre défensif.

Dans les premiers jours de mars, Montréal, continuant son chemin, garde la même position par rapport au Boston, en tête de la division. Boston a deux parties de plus à jouer, mais cela ne semble pas inquiéter les Canadiens. "Ils ne les ont pas encore gagnées, ces parties-là," répètent, avec raison, Ruel et Pollock, se souvenant que cet avantage, il n'y a que sur la glace qu'on puisse en profiter. Or, les meneurs vont se rencontrer au cours du dernier week-end de la saison. Déjà, en octobre, les joueurs et les experts anticipaient ces deux fameuses rencontres Bruins-Canadiens, celles du dernier samedi soir et du dernier dimanche après-midi de mars. On comprend maintenant, bien entendu, que de ces parties va dépendre l'issue de cette longue bataille.

Voici venu le temps où l'incident secondaire du 8 mars peut rebondir, un mois plus tard. Gilles Tremblay sort de l'hôpital, où il a fait son deuxième long séjour de la saison; il patine avec le club deux fois; il joue même un peu, mais rien à faire: il a peine à respirer; la direction l'envoie se reposer à Phoenix, espérant que l'air sec de l'Arizona va le guérir. Malheureusement, il n'y fait pas trop chaud, en ce moment. Gilles joue un peu au golf, regarde une

De g. à dr.: Larry Hillman, Marcel Pronovost et Johnny Bower du Toronto contre Béliveau et Yvan Cournoyer.

couple d'équipes de baseball à l'entraînement et appelle chez lui presque tous les soirs, pour dire qu'il ne se sent guère mieux. Pour l'équipe, se priver de Tremblay dans les éliminatoires, c'est se passer d'un ailier gauche qui convient à la perfection au style de Béliveau, un joueur qui excelle à capter une passe parfaite pour s'échapper en direction des filets.

Chose encore plus importante, Gilles est, de tous les ailiers gauches, l'un des meilleurs joueurs défensifs; pendant que les siens sont à court d'un joueur, c'est l'un des deux meilleurs chez les Canadiens; c'est dire quelle menace représente ce virus dont il souffre.

Mais le pire reste encore à venir: le samedi soir 8 mars, au Forum, au cours d'une ennuyante partie nulle contre les Kings, Béliveau subit une légère blessure à l'aine; mauvais présage.

Le lendemain après-midi, autre partie télédiffusée; les Canadiens jouent à New-York. Les deux équipes sont épuisées, mais les Rangers, qui viennent de jouer quatre parties en cinq jours, le sont probablement encore plus que leurs adversaires; tout comme le Boston, cependant, ils sont presque invincibles chez eux, cette année, et les Canadiens, après avoir pris les devants à deux reprises, se font rattraper; la partie se termine au compte de 2 à 2. Jean n'est pas à l'aise et sa blessure à l'aine réduit sa vitesse de moitié; puis les choses se gâtent, alors qu'il entre en collision avec Larry Jeffrey, vers la fin.

Au souper, après la partie, Jean ressent soudain une douleur intense au côté gauche; cela semble se passer un moment, pour reprendre de plus belle le dimanche soir; inquiet, Yvon Bélanger, le physiothérapeute du club, conseille l'hospitalisation. Jean va passer trois jours à l'hôpital Lennox Hill, à New-York; les radiographies ne montrent aucune fracture, et pourtant, la douleur n'est pas imaginaire. Il devra finalement manquer six parties, à un bien mauvais moment.

Dix jours après la première blessure, je le rencontre: "Qu'est-ce que c'est? . . . les côtes?

—Non, pas cette fois." Il se lève et, ouvrant sa veste, il met la main près du diaphragme, tout juste à la gauche de la poitrine: "Il y a là un noeud de cartilage, ou quelque chose du genre, qui fait mal. J'avais subi une fracture, là, il y a à peu près dix ans, et je sens encore la bosse. C'est encore très sensible."

Pour les Canadiens, c'est de la malchance, quoique, bien souvent, un coup dur ait pour effet de les remonter; Boston et Montréal ont, tous les deux, perdu bien des joueurs à la suite de blessures, cette saison; on serait en peine de dire lequel en a le plus souffert. Quel que soit le gagnant, il aura triomphé malgré des handicaps qui auraient terrassé des équipes moins solides. Perdre Jean Béliveau à ce moment-ci porte un dur coup aux Canadiens, mais ils sont réputés pour leurs forces de réserve; en son absence, le petit Henri, Ralph Backstrom, Jacques Lemaire et Robert Rousseau se battent avec la dernière énergie pour combler le vide.

Au milieu de l'avant-dernière semaine de la saison, bien que privés des services de Jean, les Canadiens battent Chicago chez lui par 5 à 2; les buts sont comptés par Rousseau, Lemaire, Backstrom, puis encore Lemaire et, finalement, Duff aidé de Rousseau: quatre des cinq par des gars chargés de combler ce grand vide au centre. Jacques Lemaire joue à l'aile gauche, mais il a souvent joué au centre et y jouera encore; il est le *cinquième* joueur de l'équipe, à ce poste.

L'absence de Béliveau pose un problème plus difficile; c'est que son jeu repose surtout sur son coup de patin et sa coordination. Toute l'année durant, ses passes à Cournoyer ont été des merveilles de précision; c'est lui qui a permis à Yvan d'atteindre les quarante buts, tout comme il l'a fait pour les grands ailiers droits du passé. Son jeu de passe, son coup de patin, sa maîtrise du jeu, tout cela dépend de sa coordination; on comprenda aisément qu'à trente-sept ans, à sa seizième saison complète, il mette un peu plus de temps à se retrouver. A toutes fins pratiques, manquer six parties, c'est en manquer dix, parce qu'à son retour, il lui faudra retrouver ce fini qu'il a temporairement perdu.

Les Canadiens vont jouer à Toronto mercredi, et c'est alors que Jean se mettra à l'épreuve; si les Canadiens peuvent gagner à Toronto, chose toujours difficile en pareilles circonstances, alors Boston, même en gagnant deux fois, ne pourra faire mieux que terminer ex aequo en tête du classement; comme le championnat de la division va alors à l'équipe qui a remporté le plus de victoires, il ira aux Canadiens, qui détiennent en ce domaine une avance insurmontable. Mais personne ne veut que les choses en viennent là, les Canadiens encore moins que tout autre, et c'est tendus à craquer qu'ils arrivent à Toronto, le mercredi. Jean va jouer: ils devraient les battre à plate couture. S'ils gagnent ce soir, l'affaire est dans le sac.

Ils débutent en lions, pourchassant les Leafs partout sur la glace pendant les dix-huit premières minutes de jeu; encore une fois, ce sont les joueurs de centre qui mènent le bal. Richard ouvre le pointage à 7:50, puis, quatre-vingt-dix secondes plus tard, c'est au tour de Ralph Backstrom, à la suite d'un de ses plus beaux jeux de la saison. John Ferguson en ajoute un autre à 13:13. Déjà, les Canadiens commencent à rêver de gros sous.

Pas si vite, messieurs!

Béliveau lance la rondelle — De g. à dr.: Awrey, Green (6) et Cheevers (30) du Boston.

Ron Ellis compte à 17:28. Pas de quoi s'inquiéter.

La deuxième période commence. A 3:57, Ullman compte: 3 à 2. La foule commence à manifester.

Dave Keon patine en coup de vent et ça, c'est inquiétant. A 15:17, il égalise le compte. Les Canadiens sont aux abois, mais une bonne équipe n'en reste jamais là: à 19:22, tout juste à la fin d'un jeu de puissance, Jacques Lemaire leur redonne l'avance. Ils vont finir la période avec une avance d'un but, semble-t-il. Les secondes passent ... dix-huit secondes, puis tout à coup ...

Un but du Toronto: Dorey, aidé de Smith et Ullman; un de ces superbes jeux où le brillant joueur de centre fonce tête baissée dans les coins, travaille d'arrache-pied, fouille, virevolte, en sort avec la rondelle qu'il passe à l'ailier, puis à la pointe. Dorey, sur une splendide manoeuvre, égalise le compte, à 19:40, et la période se termine là-dessus. Ce n'est pas ainsi que se gagne une partie de hockey. Les Canadiens semblent fléchir, un moment.

A leur retour, à la troisième période, les Leafs ont des ailes. Dix-sept secondes, et les voilà qui reprennent les devants. Smith fonce à droite, se dégage, capte la passe de Ricky Ley et compte, puis, pendant une pénalité à Dick Duff, ils dominent complètement; une seconde avant son retour, Mike Walton contourne Jean-Claude Tremblay comme s'il avait le diable à ses trousses. Le compte final: 6 à 4. Béliveau a joué un peu, sans trop d'efficacité, mais il aura, au moins, commencé à retrouver sa forme.

Une fois de plus, voilà les Bruins avec une "partie en main": s'ils gagnent chez eux jeudi soir, ils peuvent grimper à deux points de la tête. Mais voilà: ils ne gagnent pas. Ils annulent avec les Rangers; Esposito ne réussit pas à compter. C'est sans doute la fatigue qui se fait sentir. Il ne reste plus, maintenant, que les deux rencontres Montréal-Boston. La situation est claire: comme les Canadiens ont une avance de trois points, il leur suffira d'une partie nulle, d'un seul point, pour remporter le championnat de la division; Boston, par contre, devra gagner les deux parties pour y arriver, et l'on sait que la première se joue au Forum. On y aura peut-être un avant-goût des éliminatoires.

Samedi soir. Une grosse, une *très* grosse partie! Plus de dix-huit mille spectateurs. Oui, monsieur, on est là: trois buts sans réplique, dès la première période, dont le troisième est de Béliveau, son trente-troisième de la saison, un but qui rassure les partisans; on sent qu'il se retrouve; il va avoir des ailes, aux éliminatoires. Une avance, déjà; voyons voir, maintenant.

Deuxième période. Un but du Boston: Hodge, aidé du grand Bobby Orr, à 0:21. Ne me dites pas qu'on va avoir une autre partie comme celle de Toronto! Un but rapide comme ça peut déclencher un ralliement. Mais il semble que non: Fergy réplique une minute plus tard, à 1:07; les Canadiens n'ont pas envie de se replier sur la défensive; ils foncent; le jeu est tout grand ouvert; quatorze secondes à peine après le but de Ferguson, Teddy Green compte pour Boston. Chacun joue comme s'il voulait manger l'adversaire tout cru. Une minute plus tard, encore un but: Johnny Bucyk, de Boston, à 2:27. Quatre buts en deux minutes et demie; la foule trépigne; quant au compte, eh bien! C'est 4 à 3.

Le reste de la partie est une lutte épique, une des plus belles de la saison. Dans les dix-sept dernières minutes de la deuxième période et les quatorze premières de la troisième, rien de nouveau: le compte reste figé à 4 à 3; les Bruins ont besoin de deux buts, s'ils annulent, Montréal remporte le titre. Et tourne et tourne la trotteuse de la grande horloge, et clignotent, à en embrouiller la vue, les ampoules du chronomètre. Les Bruins pressent le pas; ils mènent le jeu; ils pourraient bien gagner. Vers la dixième minute de la troisième période, le vent semble tourner; peut-être que les Bruins commencent à se rendre compte que le temps fuit et qu'ils commencent à se fatiguer. Derrière le banc, Ruel vit un véritable cauchemar, jusqu'au moment où Robert Rousseau casse les reins du Boston avec le but de rassurance, à cinq minutes et demie de la fin, avec l'aide de Lemaire et Richard. Pour les instructeurs et les joueurs au banc, la détente est tellement brusque, que les larmes leur en montent aux yeux. Claude Ruel serre Rousseau dans ses bras et se met tout bonnement à pleurer.

Jean est le capitaine. Se tournant vers l'instructeur, qui est de sept ans son cadet, il prend un ton sévère: "Prends sur toi, mon Claude! " La partie se termine au compte de 5 à 3; Montréal est champion de la division est; dans ces soixante-seize parties, ils ont eu le dessus. Les Canadiens établissent un record: cent trois points.

Au coup de sifflet final, Jean Béliveau traverse lentement, sans effort, la patinoire du Forum, pour aller sous les gradins se faire interviewer à la TV. Ses yeux sont baissés, sa figure presque impassible; la sueur perle à son front. La foule qui se presse près du passage lui crie ses encouragements admiratifs. La lumière jaune fait paraître ses traits encore plus étirés.

La partie du dimanche après-midi, à Boston, n'a plus aucune importance, mais les Bruins font comprendre qu'ils n'ont pas de cadeau à faire, qu'ils sont encore maîtres chez eux; ils gagnent par 6 à 3. Montréal n'a pas gagné de l'année à Boston.

Mais ils ne les reverront pas avant un bon bout de temps. Les Canadiens rencontrent New-York dans la première ronde éliminatoire, tandis que Boston commence chez lui contre Toronto. Peutêtre qu'avec un peu de chance, les Leafs vont fatiguer les Bruins, leur enlever un peu de mordant. Ils n'ont pas connu une trop bonne saison, mais ils ont encore une douzaine d'excellents joueurs. En attendant, voyons ce que les Rangers peuvent faire. Au premier coup d'oeil, on dirait qu'entre eux et les Canadiens, il n'y a aucune comparaison possible, mais c'est loin d'être le cas. Les Rangers n'ont pas véritablement trois lignes d'attaque; ce qu'ils recherchent désespérément, c'est de la puissance au centre. Ratelle est fort; c'est le meilleur compteur du club; chez les compteurs de la saison, il vient tout juste derrière Béliveau et Frank Mahovlich; c'est lui, en outre, qui prépare les jeux à Rod Gilbert et Hadfield, les deux autres meilleurs compteurs des Rangers. Leur formation a de la puissance et de l'équilibre; Worsley a parfaitement raison de choisir Jean Ratelle comme l'homme à surveiller.

Au centre, on peut compter sur Ratelle, mais Goyette, qui a déjà trente-cinq ans, s'est blessé à une jambe et n'a pas joué beaucoup depuis; bien qu'encore en lice, il a la réputation d'être un joueur aussi fragile qu'habile, et qui a tendance à se fatiguer vers la fin de la saison. "Cat" Francis a tenté toutes sortes d'expériences pour lui trouver un remplaçant, mais au détriment des deuxième et troisième lignes. Les Rangers ont un joueur de centre prometteur, le jeune Walt Tkaczuk, un gars robuste du genre Béliveau, mais ce n'est pas encore l'homme qui vous gagne une partie à lui seul comme Béliveau, Esposito, Mikita, Ullman, Keon, Richard ou même Ratelle. De tout façon, leurs lignes d'attaque ne fonctionnent pas, c'est facile à voir.

Tout ce que la formation de Ratelle réussit à ramasser, dans la série, c'est quatre buts. Rod Seiling, un joueur de défense, en compte un; seuls, deux autres joueurs d'avant du New-York réussissent un but chacun, à des moments où les Rangers, à trente minutes de l'élimination, se défendent avec l'énergie du désespoir. Au hockey, il vous faut absolument des lignes d'attaque stables, solides, formées de gars habitués à jouer ensemble avec cette précision qui est la marque distinctive des Canadiens.

A la partie d'ouverture, les Canadiens prennent l'avance à la première période, puis vient un long moment de jeu terne. Un seul incident significatif, dans les deux premières périodes: au début de la deuxième, Jean mène une attaque en territoire des Rangers. Parvenu près de la rampe, à droite d'Eddie Giacomin, il reçoit une passe un peu trop en avant de lui, qui le force à s'étirer pour compléter le jeu; ç'aurait été affaire de pure routine, s'il avait été en pleine forme, mais il se trouve être un pas derrière la passe, cette fois-ci. S'étirer ainsi lui fait mal au côté, c'est facile à voir. Il ne reviendra presque plus au jeu, d'ici la fin de la partie. Les partisans des Canadiens ne sont pas trop heureux de tout cela, mais les autres avants prennent la relève: après avoir laissé Ratelle compter ce qui sera son unique but de la série, ils l'emportent, grâce à deux buts comptés dans la troisième période. En s'enfonçant dans la nuit, les partisans se chuchotent que leur club est assez fort pour se priver de Jean. On sifflote pour s'empêcher d'avoir peur, quoi!

Les Rangers se lancent dans la deuxième partie avec plus de force et de confiance; dès la première période, ils prennent une avance de 2 à 1. Même après que Rousseau a égalisé le compte, à 4:28 de la deuxième période, les Rangers ont l'air de prendre les choses au sérieux. A 6:39 de la deuxième période, le jeune Walt Tkaczuk est pénalisé et le jeu de puissance des Canadiens se met en branle. La rondelle est mise au jeu juste à l'extérieur de la zone défensive des Rangers, à la droite du gardien. Béliveau se met en place pour la mise au jeu, balance son bâton nonchalamment, une fois, deux fois . . . la rondelle tombe . . . Cournoyer file . . . Béliveau la lui passe juste au moment où il traverse la ligne bleue, seul. Il lance dans le plus pur style Cournoyer: un petit mouvement de recul, un léger balancement sur la jambe porteuse, pour tromper Giacomin, à exactement six SECONDES du début de la pénalité.

"Vif comme l'éclair", comme l'écrit le Montréal-Matin. L'éclair, c'est Cournoyer, et celui qui lance l'éclair, c'est Béliveau.

Ce qu'il y a de remarquable, dans ce but, c'est la rapidité de son exécution: à partir du moment où le juge de lignes lâche la rondelle jusqu'à celui où elle traverse la ligne des buts, quantre-vingt-six pieds plus loin, on peut compter jusqu'à six: "Une seconde, deux secondes, trois secondes . . ." aussi vite que cela! Béliveau gagne la mise au jeu, s'écarte de son opposant juste assez pour s'en libérer, voit Yvan foncer vers la ligne bleue, juge sa position et sa vitesse, fait la passe d'un imperceptible mouvement de poignets et attrape l'ailier juste en-deça de la ligne, tout ça en trois secondes. Dans les trois autres, Cournoyer dépasse la ligne de quatre foulées, tout au plus, et la rondelle franchit les trente-cinq pieds qui la séparent du but.

Ce but-là, qui déçoit les Rangers, sera le but-clé de la série. Jusqu'ici, ils se sont débrouillés assez bien, et s'ils peuvent retourner au Garden avec une partie gagnée à Montréal, ils ont encore une chance, eux qui ont gagné une si longue série de parties chez eux. Mais les voilà qui tirent de l'arrière; les Canadiens n'ont pas trop bien joué; les Rangers se disent peut-être que Montréal peut les battre, même en jouant aux trois quarts de sa vitesse; c'est un doute qui leur sera néfaste: dès que les Canadiens sentent l'adversaire fléchir, ils se font plus menaçants. Béliveau scelle l'issue de la

De g. à dr.: Doug Harvey, Jean Béliveau, Noël Picard et Jacques Plante dans une partie contre les Blues de Saint-Louis.

partie avec un but important, à la fin de la deuxième période; le compte final: 5 à 2 en faveur des Canadiens; les Rangers ne rapportent chez eux que la vague impression d'être moins fort que l'adversaire.

La partie du samedi soir, à New-York, tient plus de la guerre que du hockey. Il semble que les Rangers, plus à l'aise chez eux, forts de leur performance parfaite sur leur glace au cours de la deuxième demie de la saison, aient voulu jouer une partie à la Boston: on éloigne les Canadiens de la rondelle en se servant de son corps, on les intimide, on les ralentit. Mais leur stratégie ne fonctionne pas. Duff capte une passe dès la mise au jeu, entre en territoire des Rangers et passe derrière le filet, à la gauche de Giacomin; une petite bataille pour la possession de la rondelle, puis il se dégage pour passer à Mickey Redmond, qui compte, trente secondes à peine après la mise au jeu. Ce n'est pas ainsi qu'on bat Montréal.

Le lendemain, au restaurant de l'hôtel, je demande à Redmond comment ça s'est passé. "Je ne sais pas, répond-il; il m'a semblé que personne ne bougeait; c'est comme si on n'avait pas su que la partie avait commencé. Giacomin était planté là, immobile." Il semble se demander s'il n'a pas rêvé tout cela.

Par la suite, rien ne va plus, pour New-York. A 1:46, Walt Tkaczuk reçoit une mineure double qui laissera son équipe à court d'un homme pendant quatre minutes. Puis, à 3:13, c'est la bagarre. Ted Harris et Brad Park, le jeune joueur de défense des Rangers, s'en donnent à coeur joie le long de la rampe, près du centre; presque aussitôt, Ferguson et Neilson entrent dans la danse, puis, merveille des merveilles, Giacomin et Worsley en viennent aux prises. Don Simmons, le gardien substitut des Rangers, quitte le banc pour y aller de son petit numéro: rendu au milieu de la glace, il trébuche, pour glisser jusqu'à la rampe, où il est rejoint par Rogatien Vachon, l'autre gardien des Canadiens. Ils ne se battent pas, parce que Simmons s'est blessé au poignet dans sa chute, mais ils s'agrippent l'un à l'autre. Le lendemain soir, Simmons ne pourra pas remplacer Giacomin, à qui "Cat" Francis veut accorder un repos, et les Rangers devront faire appel à leur troisième gardien pour la quatrième rencontre.

La paix enfin rétablie, l'arbitre distribue les pénalités, puis on se décide à jouer au hockey. Dès la reprise du jeu, Robert Rousseau longe la rampe dans la zone des Rangers, tout à fait à la gauche de Giacomin. Dans un autre scénario de rêve, il contourne la défense, ce qui le laisse complètement seul, puis, l'air de rien, dans un mouvement qui tiendrait plutôt du ballet, le voilà devant le but: il compte. Les Rangers n'y sont pas; d'ailleurs, ils n'y seront presque pas de toute la soirée.

A 12:41, Dick Duff, aidé de Cournoyer et Béliveau, compte un de ces buts dont il a le secret; c'en est fait du New-York. Les Canadiens ont déjà perdu une avance en pareilles circonstances, mais jamais avec un si grand enjeu. Au début de la troisième période, Jean porte l'avance à 4 à 0; par la suite, on peut relâcher, on peut même concéder à Vic Hadfield un but qui lui vaut les quolibets de la foule: "trop peu, et beaucoup trop tard", semble-t-on dire. Leur seul moment de la soirée: dans l'avant-dernière minute de jeu, Ferguson et Fleming, laissant tomber gants et bâtons, se talochent à qui mieux mieux. On se demande bien pourquoi: le sort en est jeté, de toute façon. Du sang; des cris; Fergy reçoit une pénalité de mauvaise conduite en plus de la majeure infligée aux deux belligérants; il s'y ajoute une amende qui le fait encore ronchonner, le lendemain matin, au déjeuner. Le sang, c'était peut-être un peu du sien, mais c'était surtout celui de Reggie, qui a toujours eu l'épiderme sensible. Et c'est sur cette note que le match se termine.

Après la partie, je passe saluer les Canadiens, dans leur vestiaire; l'exiguïté des lieux est renversante: on fait tenir, dans une salle de vingt-cinq pieds sur vingt-deux avec salle de douches attenante, vingt joueurs, leur encombrant équipement, l'instructeur, l'entraîneur Larry Aubut, des membres de l'administration, une couple de douzaines de rédacteurs sportifs . . . et moi.

Un tapis grisâtre recouvre le parquet; dans les coins, une couple de paniers à rebut bourrés de cartons de café vides; quant à l'air, c'est un mélange de vapeur et de fumée. Les rédacteurs y vont de leurs questions. Refoulé dans un coin, j'examine les lieux. A pas de velours, l'air un peu distrait, Larry Hillman passe devant moi pour se rendre aux douches. Assis sur un banc, près de la porte, Jean, en sous-vêtements, achève de se débarrasser de son équipement. Au moment où il se lève, je remarque qu'il porte un coussinet de caoutchouc sur la petite bosse de la hanche droite, au haut du bassin; c'est le même qu'il portait auparavant à gauche. C'est Yvon Bélanger qui le lui a taillé; il semble lui faire tout aussi bien à l'un ou à l'autre endroit. En s'étirant, fatigué, il me sourit du coin de l'oeil, peut-être un peu surpris de me trouver là.

"Ça va, Jean? lui dis-je.

—Ça va", répond-il, l'air heureux mais épuisé, comme tous les autres.

La série se termine le lendemain: avec une avance de trois victoires sans aucune défaite et avec Boston qui écrase les Leafs en quatre parties, les Canadiens ne vont pas laisser la série s'éterniser. C'est Villemure, plutôt que Giacomin ou Simmons, qui garde les buts, et les Canadiens en trouvent vite le chemin Duff, Lemaire et Richard a la première période, puis Cournoyer au début de la deuxième; 4 à 0. Les Rangers y vont de deux buts à la deuxième période, puis d'un autre à la troisième, de quoi donner un dernier frisson aux partisans, et s'est la fin. Encore tout abasourdi, Emil Francis prédit, naturellement, que Montréal va battre Boston; après tout, ils nous ont eus en quatre parties, n'est-ce pas?

Et la voilà, cette série qui s'avérera l'une des plus mémorables de tous les temps, une série qui se prépare depuis celle du printemps dernier, alors que les Canadiens avaient éliminé en première ronde, sans perdre une seule partie, un Boston plein de fougue et de jeunesse. Les Bruins n'avaient alors presque aucune expérience des éliminatoires, mais aujourd'hui, c'est autre chose. On se rend tout de suite compte que ce combat entre les deux meilleures équipes de hockey au monde va être serré. On voit, maintenant, pourquoi Claude Ruel et Sam Pollock tenaient tant à finir en tête, mise à part toute considération d'honneur et de gloire. C'est que les Canadiens vont commencer la série chez eux et que si elle se prolonge à sept parties, ils en joueront quatre au Forum. Chez eux, ce sont eux qui ont le dernier mot dans les substitutions, ce qui donne à Ruel un précieux avantage stratégique. A la formation la plus productrice des Bruins, qui aligne Esposito au centre, Hodge à l'aile droite et Ron Murphy à l'aile gauche, il opposera celle de Backstrom: Ralph au centre pour talonner Esposito, Fergy contre Ken Hodge (deux Samsons) et Claude Provost contre Ron Murphy. Les deux formations se font face régulièrement tout au long des deux premières parties, où celle de Backstrom a nettement le dessus.

Les deux premières parties sont fertiles en émotions; on doit jouer en surtemps, ce qui signifie que la victoire va à l'équipe qui compte la première et que, pour l'autre, c'est la "mort subite"; rien de plus dramatique. Le surtemps peut se terminer en trente secondes, comme il peut se prolonger durant trois et même quatre périodes supplémentaires de vingt minutes, jusqu'aux petites heures.

A la deuxième minute de la première partie, les Canadiens commettent une sérieuse erreur tactique: Yvan Cournoyer échange une bonne douzaine de coups de poing avec Glen Sather; tous deux sont chassés pour cinq minutes. Cournoyer a les bras fatigués; cette bataille épuisante, s'ajoutant à l'indigestion dont il souffrait déjà avant la partie, le force à rester inactif presque tout le reste de la soirée. En termes d'échecs, on pourrait dire que les Bruins ont sacrifié un pion pour emporter une reine.

Forts de cet avantage tactique, les Bruins pressent le pas; vers la fin de la première période, leur jeune joueur étoile de centre, Derek Sanderson, ouvre le pointage, puis, à la deuxième période, il compte encore et, cette fois-ci, le coup est dur pour les Canadiens. Il est pénalisé à 13:18, puis Bobby Orr l'est à 14:45; pendant trente secondes, les Canadiens ont deux hommes en plus, mais ne réussissent pas à en tirer parti. A 15:18, Derek saute sur la glace; les Bruins seront encore à court d'un homme pendant une minute et vingt-sept secondes.

Au grand désarroi de presque tous, Sanderson, après s'être emparé de la rondelle à son bout de la patinoire et avoir démarré comme s'il voulait uniquement tuer le temps, accélère tout à coup; le voilà en territoire des Canadiens. UN BUT! ! ! un but compté par une équipe à court d'un joueur, chose qu'une équipe ne peut tolérer, surtout dans une partie éliminatoire. On serait porté à croire que la leçon profiterait au club de Montréal. Durant tout le reste de la deuxième période et même une bonne partie de la troisième, il semble que ce but a donné au Boston un avantage psychologique important. Les Canadiens semblent jouer sans trop de conviction, même quand l'adversaire est à court d'un homme.

Quand, au milieu de la dernière période, Eddie Shack attrape une pénalité, Montréal ne semble pas prêt à en profiter. On organise la première montée: la rondelle va à Béliveau au centre, il fait le jeu habituel, passant à Ferguson qui longe la rampe gauche sans trop se presser. Fergy traverse la ligne bleue, puis fait un long lancer, d'une quarantaine de pieds, à la gauche de la défense, *et compte*! Surprise! Les Canadiens ne sont plus en retard que d'un point.

Rien de tel qu'un but de Ferguson, pour animer la foule. On se met à crier et à encourager le club; tout à coup, les six dernières minutes voient du jeu très sérieux. Une minute à peine avant la fin, les Canadiens provoquent une mise au jeu dans le cercle à la gauche de Cheevers. Esposito, qui n'a pas eu de veine de la soirée dans les mises au jeu, fait face à Béliveau. Jean l'emporte, la rondelle revient à Jacques Laperrière à la pointe gauche; un formidable lancer; rebond; Savard frappe de toute sa force; rebond; Béliveau; rebond; Béliveau recule d'un pas, frappe encore et compte, à cinquante-six secondes de la fin; le but ébranle tellement les Bruins, que Béliveau a une autre belle occasion, dans les vingt dernières secondes; mais la rondelle roule juste à côté du poteau; il va falloir jouer en surtemps, le surtemps de la "mort subite".

Dès la mise au jeu, les Bruins prennent une attitude défensive; Ralph Backstrom porte la rondelle dans leur zone, il la perd, et elle va rouler juste de l'autre côté de la ligne bleue, à droite; c'est alors

Jim Roberts du Oakland écarte Jean Béliveau; dans le coin, Dick Duff.

que le joueur de défense Serge Savard exécute un jeu magnifique: il lui faut retenir la rondelle pour laisser à Backstrom le temps de sortir de la zone du Boston, s'il veut éviter le hors-jeu. Backstrom sort et Serge rentre au même moment, oblique à gauche et glisse la rondelle devant un Backstrom qui fonce à toute allure, contourne la défense et, à son premier lancer au but de la soirée, met fin au surtemps, à quarante-deux secondes. Les Canadiens ont gagné la partie d'ouverture, et les joueurs de centre ont compté quatre des leurs cinq buts de leur équipe.

Le lendemain après-midi voit une reprise de la grande première. La deuxième période se termine au compte de 2 à 2; à la troisième, le jeu est très bien partagé. Lorsque Johnny Bucyk rompt l'égalité, à six minutes de la fin, Worsley sortant de ses gonds, brise son bâton contre le poteau du but, puis vient au banc s'en chercher un autre; hermétique, concentré, il ne voit ni n'entend les dix-huit mille spectateurs qui sont là; il saisit le bâton neuf et s'en retourne à ses buts; une fois de plus, les Canadiens se préparent à réparer les pots cassés.

Ca y est! A soixante-neuf secondes de la fin, c'est Serge Savard qui compte et quand les équipes retournent à leurs vestiaires, le Forum est en ébullition. Dix minutes de tension et de méditation pour les deux équipes, et les voilà en surtemps; cette fois-ci, les Bruins n'y voient que du feu. Dans les cinq minutes que durera la période, il y aura dix mises au jeu, dont neuf dans leur zone. Finalement, Savard, qui joue avec une fougue et une puissance extraordinaires, lance de la pointe gauche, pendant que Ted Green se morfond au banc des pénalités. La rondelle se faufile dans une forêt de jambes et Mickey Redmond, le dos tourné au but, la fait dévier légèrement, pour compter sans même voir son but. C'est la deuxième défaite des Bruins.

Et pourtant, c'est plein d'espoir et, semble-t-il, inébranlables, qu'ils s'en retournent à Boston. Harry Sinden assure à qui veut l'entendre que les Canadiens n'en gagneront plus une seule de l'année. "Ils ne sont pas capables de nous battre chez nous", dit-il. Derek Sanderson partage son avis et en fait part à la presse. Bien plus, à la façon dont lui et le reste des Bruins se jettent dans les deux parties suivantes, ils semblent bien y croire.

Comme ils ont, chez eux, le dernier mot en ce qui concerne les substitutions, ils en profitent. Le premier geste de Sinden est de tenir Esposito le plus loin possible de Ralph Backstrom, qui le harcèle toujours à mort. Harry veut opposer Phil à Jean, parce qu'ils excellent tous deux à l'offensive; le jeu de Jean consiste à pénétrer dans la zone adverse, pas à en sortir. Les dix premières minutes de la troisième partie voient Claude Ruel faire sa seule erreur stratégique de la série. Déterminé à opposer la ligne de Backstrom à celle d'Esposito, mais incapable de le faire lors de mises au jeu, il fait ses changements à la volée, mais ça ne marche pas: le va-et-vient des joueurs embrouille tellement l'attaque des Canadiens, que les Bruins prennent la partie en main. Heureusement Ruel apprend vite: on ne l'y reprendra plus.

Les effets sont évidents: pendant que Backstrom, Béliveau et les ailiers s'entrecroisent au banc, Esposito retrouve sa forme. On peut même dire que c'est la "soirée Esposito", car il participe aux cinq buts, en comptant lui-même deux en plus d'aider à produire les trois autres. Il est la preuve vivante que rien n'est plus précieux qu'un joueur de centre grand et fort. Son premier but compté, il affiche une maîtrise incontestée du jeu. Vers la fin de la période, il aide à compter le deuxième but des siens et à la troisième, chacun des trois joueurs de sa formation en compte un. Béliveau n'a rien fait d'extraordinaire de la soirée; il ne patine pas bien. Quant à Gump Worsley, une blessure va l'empêcher de jouer dimanche soir, ce qui peut s'avérer désastreux.

Rogatien Vachon, le deuxième gardien des Canadiens, n'a rien du style classique; on dirait même qu'il lui arrive d'improviser, mais en matière de réflexes, c'est l'un des jeunes gardiens les mieux doués. Il ne manque ni de vitesse, ni de courage, mais on ne l'a pas employé au cours des éliminatoires; en fait, il n'a pas gardé depuis la dernière partie de la saison, contre Boston.

Il est donc possible que Rogatien ne soit pas au meilleur de sa forme, en ce dimanche après-midi; ajoutez à cela qu'il est victime de la maladresse des siens devant ses buts. Claude Ruel cherche encore la stratégie à employer contre la formation d'Esposito. Sa solution sera claire et simple: il échangera tout bonnement les joueurs de centre, ce qui lui donnera Béliveau, Ferguson et Provost, d'une part et Backstrom, Duff et Cournoyer, d'autre part. De cette façon, si Harry Sinden persiste à opposer la formation d'Esposito à Jean, ses ailiers auront sur les bras Ferguson et Provost, qui les ont fait enrager dans les premières parties. Si, en revanche, il lance ses compteurs contre Backstrom, ses ailiers y gagneront, mais le centre y perdra probablement, une fois de plus. La seule chose qu'il lui restera à faire, et qui lui répugne tant, ce sera de briser ses formations, comme Ruel.

C'est en des occasions comme celle-ci, que les joueurs de Montréal tirent profit de leur longue expérience des éliminatoires et de leur cohésion. Qu'on échange les joueurs de centre de deux lignes, ça ne les dérange pas: Duff et Ferguson ont déjà joué à l'aile gauche avec Béliveau, tout comme Provost et Cournoyer ont déjà joué à l'aile droite. L'équipe de Boston, par contre, ne connaît même pas deux ans d'existence dans sa formation actuelle, de sorte que ses rouages ne fonctionnent pas aussi bien.

Tout cela semble évident, noir sur blanc, mais c'est plus compliqué vu de derrière le banc, dans le feu de l'action. Pendant que l'instructeur des Canadiens mûrit ses plans, son club s'enlise, concédant par *deux* fois un but à un adversaire à court d'un homme; ces buts sont comptés par Sanderson et Westfall. La période se termine par 2 à 1.

Les Canadiens donnent tout ce qu'ils ont, sans jamais se rattraper vraiment, mais ils ne lâchent pas d'une semelle. Aucun but dans les quarante minutes qui suivent, puis c'est Bobby Orr qui compte le but de rassurance, à 18:13, pour voir Serge Savard répliquer, à moins d'une minute de la fin. Boston gagne quand même par 3 à 2, et voilà les deux équipes sur un pied d'égalité, ce qui prouve bien que la victoire finale ira à celle qui pourra gagner à l'étranger.

Ah, qu'elle est belle, la glace du Forum! Worsley a encore mal aux doigts, Béliveau n'a pas encore retrouvé sa grande forme de la mi-saison (ça se voit à son coup de patin) et, pis encore, ils viennent d'en perdre deux à Boston, alors, il fait bon se retrouver chez soi. La cinquième partie, celle du mardi soir 22 avril, est, jusqu'ici, la plus spectaculaire des séries. Les Canadiens mènent déjà par 3 à 0 au milieu de la deuxième période; tout Montréal crie: "Donnez-leur ça! " Tout à coup, le vent tourne; au grand ébahissement de tous, Boston se réveille. Ken Hodge compte deux fois, aidé d'Esposito et pendant la période, Vachon recevra *vingt-six* lancers, mais il restera à la hauteur de la situation. C'est plus qu'on n'en reçoit souvent, dans toute une partie éliminatoire. Boston vient frapper à la porte; qu'on le laisse entrer, comme il le réclame à grands cris, et c'en est fait des Canadiens: jamais ils ne pourront battre Boston, dimanche.

Mais leur retour ne réussit pas tout à fait. Les Canadiens se remettent de leur désarroi de la deuxième période et sont superbes à la défensive; Laperrière se distingue en arrêtant à lui seul une douzaine de lancers destinés à Vachon. Il s'agit de ne pas lâcher, tout en guettant sa chance. Cette période du tonnerre que viennent de jouer les Bruins n'est pas caractéristique du hockey des éliminatoires; pas de celui des Canadiens, et tout cas; ils ont plutôt l'habitude de vous battre en jouant un jeu défensif si parfait, qu'il passe inaperçu. C'est une équipe qui excelle au jeu de position, sans pourtant avoir l'air de suivre tout à fait la règle du jeu. Ils sont toujours au bon endroit, jouant un jeu qui laisse quand même place à l'inspiration, au lieu de cet insipide jeu tactique qu'on enseigne au moyen de diagrammes. Il arrive qu'un joueur semble quitter son poste, comme Savard, par exemple, au cours de ses incursions chez l'adversaire. "Mon Dieu, songe le spectateur, il s'avance trop"; mais voilà qu'un autre chandail rouge occupe la zone que Savard semblait avoir laissée sans protection. C'est à croire, parfois, que les Canadiens ont toujours un joueur de plus que l'adversaire, tant leur défensive a de cohésion.

Aucune des deux équipes n'a carrément le dessus, dans la dernière période de cette magnifique partie; d'ailleurs, le nombre des lancers l'indique: onze pour Boston, dix pour Montréal. Les Canadiens se défendent bien; on serait porté à croire qu'ils protègent simplement leur avance d'un but; illusion! faites une erreur, la moindre petite erreur, et ils vous tombent dessus; c'en est fait de vous.

Au milieu de la période, les Canadiens portent la rondelle en territoire de Boston, se contenant de jouer du bon jeu de position, histoire de tenir l'adversaire loin de leurs buts. Les Bruins les croient peut-être endormis. Sait-on jamais? De toute façon, Dallas Smith se risque: en possession de la rondelle près de la rampe, derrière Cheevers, cinq pieds à sa gauche, il s'accorde deux secondes de réflexion; aucun adversaire ne se trouvant près de lui, il n'a pas le droit d'immobiliser la rondelle; d'un autre côté, il n'a pas grand place où bouger. Et c'est là qu'il commet sa petite erreur: le dos presque tourné au jeu, il pousse la rondelle dans le coin gauche, là où l'ailier droit devrait se trouver, une trentaine de pieds plus loin, le long de la rampe.

L'ailier droit est bien là, mais Claude Provost aussi, qui n'est pas, comme on se plaît à le dire, un joueur "sous-estimé", mais un grand joueur, un des plus grands que l'équipe ait jamais eus, et c'est à ce moment-ci qu'on s'en rend compte. Au premier coup d'oeil, on pourrait croire qu'il s'est contenté de frapper la rondelle, dans l'espoir de la rapprocher du filet. Erreur!

Provost a joué presque onze CENTS parties, tant régulières qu'éliminatoires, et toutes avec les Canadiens, ce qui représente cinq cent cinquante parties au Forum, sans compter les exercices; c'est dire qu'il connaît tous les angles de la patinoire, au point d'en avoir la maîtrise inconsciente. D'accord, cette fois-ci, il lance d'un angle impossible, mais DE SA POSITION, C'EST LE MEILLEUR ANGLE POSSIBLE. En outre, il le fait de façon si sûre et si précise, que la rondelle aboutit devant les buts en un endroit aussi avantageux qu'on puisse le souhaiter. John Ferguson est là, surveillé par Bobby Orr qui s'attache à le tenir hors de position de compter. Le lancer impossible de Provost frappe son patin, pour ricocher dans le filet; le gardien n'y peut rien. Voyant ce qui s'est passé, Orr arrache sa lame de bâton d'entre les patins de Ferguson, qui atterrit sur le postérieur, presque le sourire aux lèvres. Un peu honteux, après la partie, Orr déclare: "Fergy comprend ma réaction: c'est un pro." 4 à 2 en faveur des Canadiens.

Si la cinquième partie a été fameuse, que dire de la sixième? Jouée à un moment où rien encore n'est décidé, où l'on ne sait pas encore à qui ira le magot, elle ressemble à un conte de la légende grecque: tout s'y fait à une grande échelle. Esposito ouvre le pointage: après avoir empêché Terry Harper d'immobiliser la rondelle derrière le filet des Canadiens, il la voit leur glisser entre les jambes pour rouler devant Ron Murphy, qui compte, à 2:29.

Rien à signaler, par la suite. La première période voit les équipes patiner toute la longueur de la glace et prendre tour à tour l'initiative. Les Canadiens l'emportent de beaucoup dans le nombre de lancer à la première période, et les Bruins à la deuxième. Aucun autre but.

Une chose à relever, toutefois, un tout petit point sombre, qui augure mal pour les Bruins: Béliveau recommence à patiner. Au tout début de la troisième période, il l'emporte à la mise au jeu dans la zone des Bruins, pour faire une passe impeccable à Serge Savard, qui, posté à la pointe droite, trompe Cheevers avec un lancer parfait; une fois de plus, la victoire est à portée de la main.

Une partie contestée? Bien sûr. Rien ne se décide en temps réglementaire, bien que les Canadiens aient eu l'avantage des lancers. C'est le troisième surtemps des séries. Rien ne se décide, non plus, dans les vingt premières minutes de surtemps, bien que les Bruins passent à un cheveu de la victoire, vers le milieu de la période, pendant une pénalité à Ferguson.

Rien ne se décide pendant les dix premières minutes de la *deuxième* période de surtemps. Il est passé minuit; la partie dure depuis plus de quatre heures; nous voici à onze minutes de la deuxième période de surtemps. "J'ai vu que Jean et Fergy étaient libres tous les deux, racontera Provost, mais comme Fergy tournait le dos au filet, j'ai passé à Jean. Je suis bien content que ça soit fini." "Joe" ou "Jos", c'est le surnom que les Canadiens donnent à Provost. Voyant Awrey jongler avec la rondelle le long de la rampe, il rentre dans le territoire du Boston, s'en empare et, en un clin d'oeil, choisit son homme. Sa passe à Béliveau est une merveille de précision; Jean lance du poignet dans le coin supérieur, à 11:28 de la deuxième période supplémentaire. Les Canadiens remportent le championnat de la division est, et sur la glace du Boston, encore!

C'est alors, que les statisticiens font une étonnante découverte: Jean vient de compter son premier but en surtemps. Des critiques malveillants ont tôt fait d'en déduire qu'il n'est pas un oppor-

De g. à dr.: Plante, Duff, Plager, Béliveau et Savard au cours d'une partie contre les Blues de Saint-Louis.

tuniste. Ils n'ont qu'à consulter les statistiques: Béliveau ne le cède qu'à Maurice Richard, dans le domaine des buts et à Gordie Howe dans celui des points, dans les séries éliminatoires. Il a compté, jusqu'ici, soixante-treize buts dans les éliminatoires, contre quatre-vingt-deux pour le Rocket, soixante-cinq pour Gordie Howe, cinquante-huit pour Bernard Geoffrion, quarante-sept pour Ted Lindsay et quarante-quatre pour Bobby Hull; personne d'autre ne s'en approche. Si Jean n'a compté qu'un seul de ses buts en surtemps, c'est tout simplement que ses soixante-douze autres ont aidé le club à gagner en temps réglementaire. En fait, seulement vingt des cent trente-huit parties éliminatoires auxquelles Jean a participé, jusqu'à la fin de la série contre Boston, ont nécessité du surtemps. C'est clair: comme Jean compte dans les soixante premières minutes, son équipe gagne habituellement en temps réglementaire.

Le lendemain, le *Star* de Montréal étale sur six colonnes une téléphoto de la P.A. qui a du être prise une ou deux secondes après l'entrée de la rondelle. John Ferguson est encore dans les airs, tandis que Don Awrey est étendu sur Provost, essayant encore, mais trop tard, d'éviter le désastre. Ted Green est à genoux, face aux buts, tandis qu'Esposito et Murphy arrivent, tout au bord de la photo. Enfin, Gerry Cheevers, tête basse, regarde sa jambière gauche, se demandant comment la rondelle a bien pu passer.

Béliveau vient de se détourner du filet; de son bâton élevé dans un geste de victoire, il fait signe au banc des Canadiens, affichant le plus grand, le plus heureux des sourires. Il vient à peine de se rendre compte que le combat est bel et bien fini. Tout le reste de l'équipe, qu'on ne voit pas sur la photo, se précipite déjà vers lui pour la tournée rituelle d'embrassements et de tapes dans le dos. On s'aligne ensuite pour échanger les poignées de main, puis c'est vraiment la fin de la saison. Il ne reste plus qu'un cas à régler.

Et voici venir les Blues de Saint-Louis, qui ont appris leur hockey à l'école des Canadiens; ils sont bien déterminés à tenter leur chance contre Ruel, Béliveau et compagnie. Les Blues sont, sans conteste, les meilleurs de l'ouest; ils ont dominé leur division sous tous les rapports, sans compter que leurs gardiens sont peut-être les meilleurs de la ligue. Seulement, voilà: ils ne sont pas de taille. Red Berenson, leur grande étoile, joue à la position-clé, au centre. Il vient du réseau des Canadiens, bien entendu. A Montréal, il a joué au centre et à l'aile gauche. C'était certainement un authentique joueur de la L.N.H., mais à Montréal, il venait au *cinquième* rang chez les joueurs de centre, derrière Béliveau, Richard, Backstrom et Phil Goyette. Red joue bien mieux aujourd'hui qu'alors et ce n'est plus un cinquième joueur de centre, c'est l'étoile de la division ouest. Il ne peut oublier, toutefois, face aux Canadiens, que tout bon joueur qu'il soit, il a eu bien de la peine à se tailler une place chez eux.

A aucun moment, les Blues n'obligent les Canadiens à se surpasser, de sorte que, venant après l'extraordinaire finale de l'est, celle-ci déçoit un peu. L'issue de la première rencontre ne fait jamais de doute. La formation Béliveau-Cournoyer-Duff a tôt fait d'ouvrir le pointage; elle continuera de mystifier les Blues tout le reste de la série. Duff à 3:39, aidé par ses deux compagnons de ligne. Puis, c'est au tour de Rousseau, pendant que les Canadiens sont à court d'un joueur, moins d'une minute après le premier but; à compter de ce moment, la partie, et peut-être la série, est *kaput*. Les Blues montrent un peu les dents à la deuxième période, mais ils doivent se sentir un peu comme le lévrier à la poursuite du lièvre mécanique. Le seul but qu'ils réussissent à compter, c'est celui de Frank Saint-Marseille, vers la fin de la première période.

La seconde partie n'est qu'une répétition accentuée de la première; les Canadiens, au début de la deuxième période, jouent presque quatre minutes à court d'un homme, mais Saint-Louis ne sait pas en profiter. Dès que l'équipe se retrouve au complet, c'est du billard pour Béliveau et compagnie. Pendant une pénalité de Bill McCreary, à 8:45, Jean, Yvan et Dick s'amusent avec la rondelle une trentaine de secondes: je lance, tu lances, je relance, tu relances, on compte. Retour de McCreary. On recompte. La formation de Béliveau écrase les Blues; on se souvient, tout à coup, que l'an dernier, les Canadiens ont gagné en quatre parties, malgré son absence. Le compte final: 3 à 1.

A Saint-Louis, aux deux parties suivantes, la foule a beau crier, elle ne peut tout de même pas pousser la rondelle elle-même. Les cris sont impressionnants, mais les Canadiens gagnent. Le fait saillant de la troisième partie, c'est la perfection toute classique de deux des buts. Jacques Lemaire et Mickey Redmond exécutent une splendide série de passes que Lemaire termine en portant le compte à 2 à 0 en faveur des Canadiens. Le but suivant est tout aussi agréable à voir; cette fois-ci, c'est Cournoyer qui s'échappe, pique à gauche, puis fait à Duff une passe arrière tout simplement merveilleuse; on se demande comment il peut sentir que l'autre est là, puis on se dit qu'il a probablement des yeux tout le tour de la tête; libre, Dick lance: 3 à 0.

Tout cela se termine le dimanche après-midi, alors que la température de quatre-vingt-dix degrés transforme la patinoire en bain turc. Cette fois-ci, c'est le Saint-Louis qui ouvre le pointage, après trente minutes d'excellent jeu; la deuxième période se termine au compte de 1 à 0. Pendant une demi-heure, les partisans croient au miracle, mais la dernière période les voit vite déchanter. Ted Harris et John Ferguson comptent les deux points qui assurent la victoire, puis, pendant les dernières minutes de cette longue saison, les Canadiens poussent la rondelle chez les Blues, la laissent retourner au centre, puis la repoussent, encore, encore et encore. Fini! Et maintenant, les photos.

Tout le pays l'a vue, cette photo, au printemps 1965, au printemps 1966, puis au printemps 1968, mais avec une légère modification: l'argenterie était la même, mais notre homme était en tenue de ville et s'appuyait sur des béquilles. Cette année, tout est redevenu normal: la tour d'argent, toute ramassée entre un vieux bol trop petit et une base trop grande; à ses côtés, un grand homme au sourire tranquille et à l'air fraternel, un homme à qui l'on ferait instinctivement confiance. Prenant la coupe dans ses bras, il la soulève; la foule acclame, l'équipe tournoie autour de lui, puis on se dirige vers la sortie, derrière le but. Le grand homme est le dernier à sortir, et l'image qu'il nous laisse devient partie de notre conscience nationale; elle se grave à jamais dans notre imagination: Jean, et la coupe.

2

Le bâtisseur du Colisée

Cette chasse à la coupe, c'est à Victoriaville, Québec, qu'elle a commencé, il y a presque trente ans, sur une patinoire à ciel ouvert, derrière une maison de bois voisine de l'église. Né en 1931, au plus fort de la Dépression, Jean n'a cependant pas connu, dans sa jeunesse, la misère ni la pauvreté.

"Mon père n'a jamais chômé; il y avait toujours du pain sur la table, et nous avons toujours habité de solides maisons, avec poêle à bois au rez-de-chaussée et fournaise à bois dans la cave; mon père, qui était à l'emploi de la Shawinigan Power comme réparateur et poseur de lignes, a toujours bien pris soin de nous. Je me rappelle un petit détail: les lignes de transmission étaient montées sur de gros poteaux de cèdre, dont quelques-uns se brisaient accidentellement au cours de l'hiver. Comme ils étaient de bon bois sec, mon père les rapportait en camion chez nous, me confiant le soin de les couper en bois de chauffage pour la fournaise et le poêle: c'était trop bon pour être gaspillé. C'est peut-être ainsi que je me suis développé. En tout cas, je me souviens encore de la pile de poteaux, à côté de la maison."

Jean est né à Trois-Rivières, à mi-chemin entre Montréal et Québec, un bon endroit pour un homme qui incarne les rêves de toute la province; mais comme il n'avait que trois ans quand la famille a déménagé de la ville, on peut dire qu'il n'est trifluvien

47

que de naissance. Il a encore là quelques parents du côté maternel, mais les villes où il a le plus d'attaches sont plutôt Victoriaville, où il a grandi, Québec, où il a acquis une renommée nationale, et Montréal. Après quelque temps à Plessisville, la famille s'installa pour de bon à Victoriaville, environ quarante milles au sud du Saint-Laurent, entre Drummondville et Québec.

"Nous habitions juste à côté de l'église, où je servais toujours la messe. Je dis bien: toujours. Vous savez comment ça marche; on dresse un calendrier: l'un sert à 7h et l'autre, à 7h 30, pendant une semaine ou deux. L'hiver, surtout, les servants n'arrivaient pas à l'heure, et le bedeau venait me chercher. Je servais presque tous les jours, de même qu'aux mariages et aux funérailles. La famille nous donnait toujours un pourboire. Je servais souvent à la grand-messe; en grandissant, on devenait thuriféraire, puis maître de cérémonies."

En hiver, le dimanche matin, après la messe, une vingtaine de petits gars se rassemblaient sur la patinoire, derrière chez Béliveau; c'est M. Arthur Béliveau, le père de Jean, qui l'arrosait, mais tout le monde se donnait la main pour l'entretenir. On jouait tout l'avant-midi, jusqu'à l'heure du dîner de famille.

"C'est là qu'on apprend à manier le bâton, me dit Jean; on ne jouait pas par équipes, ni suivant les règlements. C'était chacun pour soi, de sorte que la seule manière d'arriver à quelque chose, c'était de conserver la rondelle. Il y avait des grands qui pouvaient la garder pendant des minutes de temps, pendant que les plus petits essayaient de la leur enlever. Je suis devenu pas mal habile, de cette façon-là. On n'avait pas, alors, le système de parcs publics d'aujourd'hui, avec ses patinoires, ses surveillants et ses jeux organisés. Plus tard, quand je suis allé à l'école des Frères du Sacré-Coeur, j'ai pu jouer sur leur patinoire."

D'être proche de l'église — d'abord, l'église paroissiale des Saints-Martyrs-Canadiens, puis en même temps, la paroisse et l'Académie et le Collège — cela a marqué Jean pour la vie. La bonne conduite n'est pas une qualité infuse, certes, mais chez Jean, ce n'en est pas loin: il a appris à bien se conduire dès son jeune âge, et ça se voit dans tout ce qu'il fait.

"J'ai commencé jeune à aller chez les Frères, et je suis resté à l'Académie Saint-Louis de Gonzague jusqu'en neuvième année; cela représenterait, aujourd'hui, l'école élémentaire et deux ans de secondaire. Parvenu au niveau collégial, j'ai continué chez les Frères, au Collège du Sacré-Coeur. On faisait une dixième générale, puis on choisissait son domaine. Pour ma part, c'est dans l'électricité que j'ai fait ma première année de spécialisation, la onzième. Je pense bien que c'était pour faire comme mon père. Je

Académie Saint-Louis-de-Gonzague, 1945. Jean Béliveau, deux-ième de la droite, rangée du haut.

Jean Béliveau (rangée du haut, centre) avec ses camarades de classe de la 9e année.

A 17 ans, avec les Tigres de Victoriaville.   *Collège de Victoriaville, 1947.*

serais peut-être entré au service de la Shawinigan, mais d'un autre côté, j'avais déjà commencé à songer à une carrière dans le hockey. J'aurais eu dix-sept ans, à ce moment-là. Je n'ai pas terminé mon cours technique."

C'est trop de modestie: le gars qui était en train d'apprendre à conserver la rondelle, en jouant dans la cour après la messe, était devenu "le grand maigre avec la tuque bleue."

"Je ne me suis jamais senti plus gros ni plus fort que les gars de mon âge, probablement parce qu'après un bout de temps, je jouais toujours avec des gars plus âgés. Je n'étais pas gras: j'étais un grand maigre, et je portais une grande tuque bleue, pour jouer dehors; c'est pour ça qu'on m'appelait 'le grand maigre avec la tuque bleue'."

Son secret, ç'a été de jouer avec des hommes plus âgés, plus lourds et plus expérimentés que lui. Il n'a jamais été de la taille des gars de son âge. "On dit qu'il faut toujours surveiller la main du juge de lignes, à la mise au jeu, mais pour ma part, je suis assez grand pour regarder par-dessus sa main et voir tomber la rondelle. Je sais bien que d'autres, comme Ralph Backstrom, regardent la main, mais c'est de l'autre façon que j'ai appris à le faire."

Il y avait, au milieu des années quarante, deux ligues de hockey senior dans la province: la Ligue de Hockey Senior du Québec, très rapide et, à toutes fins pratiques, professionnelle, qui comptait des équipes dans les grands centres tels que Montréal et la vieille capitale, et la Ligue Provinciale de Hockey du Québec, pas tout à fait aussi rapide, qui représentait les villes plus petites, comme Victoriaville. Les joueurs qui n'étaient pas prêts à devenir professionnels à leur sortie des rangs juniors, de même que quelques joueurs extraordinaires, comme Jean, qui étaient assez exceptionnels pour forcer les professionnels à les disputer aux ligues amateurs seniors, pouvaient facilement se caser, sitôt dépassés la limite d'âge du junior; ils avaient alors l'occasion de jouer du bon hockey compétitif de calibre sénior, dans des équipes soutenues par des partisans forcenés. Malheureusement pour les équipes locales, la télévision a fortement atténué cet esprit compétitif.

En plus des ligues seniors, il y avait des circuits classés comme intermédiaires où l'on n'imposait pas une limite d'âge, comme au hockey junior; l'âge des joueurs s'y échelonnait de quinze ans à vingt-cinq ans, et même au-delà. On y trouvait des hommes qui, bien qu'assez rapides pour jouer du bon hockey junior, n'avaient cependant jamais pu accéder aux rangs professionnels ni aux ligues séniors, pour une raison ou pour une autre: lenteur, lancer trop faible ou tendance à négliger l'échec arrière. Comme ils jouaient quand même très bien, la ligue intermédiaire risquait d'être pour le jeune qui débutait dans le hockey organisé, la plus dure qu'il ait jamais connue.

C'est dans une ligue intermédiaire que Jean a joué son premier hockey organisé, avec les Panthères de Victoriaville, l'un des milliers de clubs du genre qu'on retrouve d'un océan à l'autre. L'une des caractéristiques de ce hockey, c'est que le personnel pouvait y changer, d'une partie à l'autre, et que les instructeurs n'étaient pas toujours de calibre professionnel.

"On nous a baptisés les Panthères et on nous a acheté des uniformes où dominaient l'orange et le noir. Notre commanditaire était monsieur Robitaille, qui exploitait chez nous un gros commerce de pièces d'automobiles et c'était un autre homme d'affaires de chez nous, M. Buteau, qui surveillait l'entraînement; l'entraînement était une perpétuelle mêlée, mais j'ai toujours cru que c'est en forgeant qu'on devient forgeron. Il y avait aussi M. Morier, qui venait à l'exercice; on s'intéressait beaucoup à ce club, et il s'y jouait du bon hockey; pas du hockey professionnel, mais du jeu robuste, où l'on pouvait rester longtemps sur la glace. J'y suis déjà resté soixante minutes, commençant au centre et finissant à la défense. Je ne prétends pas être un patineur naturel, comme Don Marshall, par exemple: comme tout le monde, il a fallu que j'apprenne. J'ai joué à mon goût, cette année-là."

A peine âgé de seize ans, il a compté quarante-sept buts dans une demi-saison; c'est alors qu'on a commencé à le remarquer et que la solidarité familiale commença à lui être précieuse. Jean est l'aîné de sept enfants vivants, cinq garçons et deux filles; une troisième est morte toute jeune, accidentellement. "Je suis peut-être le plus grand, mais mes deux frères qui sont agents de police à Victoriaville sont plus costauds." Son père n'était pas un joueur de hockey, mais c'est lui qui leur a fait une patinoire et qui a toujours surveillé leurs intérêts financiers.

"Mon père, je lui dois beaucoup. La première année où l'on est venu m'offrir de jouer dans l'équipe junior de Victoriaville, qui faisait partie, cette année-là, de la Ligue Junior du Québec, il s'est rendu compte d'une chose que je ne comprenais pas encore: j'étais trop jeune. Voyant que j'avais un bel avenir au hockey, il m'a protégé, et c'est grâce à lui que je ne me suis pas engagé pour l'année suivante. Le hockey junior était alors très bon, au Québec, tout comme aujourd'hui, d'ailleurs, et Victoriaville n'a fait partie de la ligue que cette année-là, l'année 1948-49. Je suppose que la ville n'était pas assez grande pour faire vivre une équipe au sein d'une pareille ligue. De toute façon, à la fin de ma première année junior, j'étais libre. Je n'appartenais à personne, tout comme dans mes deux dernières années comme junior et tout le temps où j'ai joué chez les As, comme sénior. Et ça, c'est grâce à mon père.

Nous étions libres, mais privés de toute aide extérieure. On nous avait baptisés les Tigres de Victoriaville. Après les Panthères, les Tigres: les gens de Victoriaville devaient avoir un faible pour les fauves. Tout comme dans l'intermédiaire, nos uniformes avaient beaucoup d'orange. Ce fut une année dure où, incapables d'importer des joueurs, nous n'avons pas fait fureur. Laissez-moi vous dire, toutefois, qu'il y avait là un gars capable de passer au hockey professionnel, Paul Alain, de Victoriaville. Il était intelligent et rapide, mais comme la famille était propriétaire de la Compagnie de Meubles Victoriaville, on n'a pas senti le besoin de le pousser. Je pense qu'il y aurait réussi. Oui, c'était une entreprise strictement locale et nout n'avons pas gagné souvent."

D'accord, ils n'ont pas gagné souvent, contre les puissantes équipes de Québec et de Montréal, soutenues par des commanditaires professionnels, mais cette année-là, Jean a compté quarante-huit buts et contribué à vingt-sept autres, dans un club sans avenir; il n'en fallait pas plus pour que, attirés par sa renommée chez lui, les dépisteurs professionnels viennent l'examiner de plus près. Ce n'était plus, maintenant, le grand maigre avec la tuque bleue. Grand, il l'était, mais il commençait à prendre le poids qui devait finalement faire de lui le centre le plus grand, le plus fort et le plus difficile à déposséder de la rondelle de toute l'histoire du hockey.

"A ma première année chez les juniors, j'étais presque aussi grand qu'aujourd'hui, mais je pesais à peu près cent soixante, puis l'année suivante, cent soixante-dix et j'ai continué d'y ajouter à peu près dix livres par année. A ma dernière saison avec les As, je pesais deux cent dix: encore plus qu'aujourd'hui. Dans mes premières années chez les professionnels, j'avais de la difficulté à garder le poids désiré; si j'engraissais, mon coup de patin s'en ressentait. Je me souviens d'une année où, quand je me suis présenté au camp d'entraînement, je pesais deux cent vingt-cinq. Comme c'était justement l'année où Dick Irvin avait décidé de nous peser lui-même, vous auriez dû lui voir l'air, quand je suis monté sur la balance! Aujourd'hui, le problème ne se pose plus; il m'arrive même d'être un peu mince, à la fin d'une saison où, compte tenu des parties hors concours et des éliminatoires, j'ai joué une bonne centaine de parties. C'est à deux cent cinq que je me sens le mieux. Le seul joueur de la L.N.H. qui soit plus grand que moi, c'est Dale Rolfe, du Los Angeles. Il y en a quelques-uns qui pèsent plus de deux cents, comme "Moose" Vasko, qui fait au moins deux cent quinze. Mais si vous depassez cela, vous y perdez en vitesse; les jambes ne répondent pas aussi bien. Il vous faut du poids, cependant; pour ma part, quand je pesais, comme junior,

Avec Maurice Richard au camp d'entraînement des Canadiens en 1953.

cent soixante-dix, c'était insuffisant; mais il faut dire que je me suis vite repris."

A le voir évoluer, chez les juniors, à le voir pousser la rondelle, on ne trouvait pas qu'il manquait de poids. Soixante-quinze points, dans une ligue dure au jeu, au sein d'une équipe strictement locale, sans autres futures étoiles pour lui donner un coup de main! Comme on se rendait parfaitement compte, à la fin de la saison, que le Victoriaville ne pourrait tenir le coup dans la ligue, toute la province savait que pour le grand nouveau, il ne restait plus qu'à monter.

"Ça m'a fait de la peine, de laisser Victoriaville, parce que j'aimais bien jouer chez moi. Je savais bien que nous n'étions pas assez forts pour rester dans cette ligue-là, mais nous avions quand même eu nos bons moments. Au commencement de la saison, les Citadelles de Québec nous sont arrivés avec une série de seize parties consécutives sans défaite; la dix-septième, c'est nous qui l'avons gagnée. C'est Jacques Plante qui gardait les buts; inutile de dire qu'il était bon, très bon; c'était un fameux gardien, dans les rangs juniors; il avait toujours quelque jeu dangereux à faire. C'est justement sur un de ces jeux que nous avons brisé leur série de victoires, au Colisée. Nous menions par un point, en surtemps. Me voyant venir tout seul de la ligne bleue, Jacques s'est élancé vers la rondelle, qui glissait entre nous: il l'a touchée en même temps que moi, puis elle a roulé derrière lui; il n'y pouvait rien. Il a quand même continué à se hasarder, mais le but venait de décider de la victoire; leur série avait pris fin, à la grande déception des Québecois. Jacques, de deux ans mon aîné, pensait peut-être me déloger de là; je ne sais pas. Je n'oublierai jamais ce jeu-là; oh, il y en a eu bien d'autres, avec des joueurs que je devais retrouver plus tard. Une fois, comme j'arrivais vers Dollard Saint-Laurent, qui jouait pour les Canadiens Juniors, il m'a administré la plus dure mise en échec de ma vie. La leçon m'a servi, mais j'ai toujours préféré jouer du même côté que lui!

Nous avions un bon instructeur, qui connaissait son hockey: Roland Hébert, qui a joué pour le Victoriaville dans la Ligue Provinciale. Je n'ai joué pour lui que cette saison-là, mais j'ai beaucoup appris, parce qu'il me laissait passer beaucoup de temps sur la glace."

Il s'est passé, à la toute fin de cette saison 1948-49, un événement qui devait marquer la carrière de Jean: le vieux Colisée de Québec fut détruit par un incendie, au printemps, ce qui laissait tout juste l'été 1949 pour rebâtir. Comme Jean Béliveau était, dans l'est du Québec, l'un des nouveaux grands noms du sport et qu'il venait de décider (librement, grâce à son père) de passer aux Citadelles de

Québec, il fallait que le nouveau Colisée soit assez grand pour loger les foules qu'il attirerait. Et c'est ici que commence l'histoire de Jean et de son Colisée. Achevé en grande vitesse sur la fin de l'été, l'édifice était beaucoup plus vaste et mieux aménagé que l'ancien. Il loge facilement dix mille personnes et demeure, vingt ans après, l'une des plus belles arènes de hockey; c'est, d'ailleurs, en fonction du hockey qu'on l'a construit. Elle est belle, elle est solide, la maison de Jean.

Il y a joué deux saisons comme junior, puis deux autres pour les As de Québec, de la L.H.S.Q., et c'est dans ces années-là, de 1949 à 1953, qu'il est devenu le jeune joueur de hockey le mieux connu du public, celui que le sport professionnel a attendu avec le plus d'impatience. Même Bobby Orr, la grande étoile du Boston, n'a pas autant attiré l'attention, peut-être parce que Jean a toujours re- présenté, pour le Canada français, quelque chose d'extraordinaire, quelque chose d'intime, de spécial. "Béliveau s'en vient, Béliveau s'en vient," devaient répéter, quatre saisons entières, les pages sportives et la radio de tout le pays; cette espérance et cette impatience finirent par affecter la direction de certaines équipes de la L.N.H.: au début des années cinquante, les Marlboros de Toronto, une filiale des Maple Leafs, comptaient dans leurs rangs un excellent amateur, Eric Nesterenko; aussi fort et presque aussi grand que Jean, il dominait tellement la Ontario Hockey Associa- tion que la publicité des Leafs l'annonça comme un second Béliveau.

Jean fit sensation, au milieu de la saison 1952-53, lorsqu'il joua trois parties avec les Canadiens à titre d'essai. La veille de sa pre- mière partie, il joua quarante minutes de hockey à Sherbrooke, dans la L.H.S.Q. Le lendemain, à Montréal, contre les Rangers, il compta trois buts, son premier tour du chapeau dans la L.N.H. Ce fut un début qui fit sur le monde du hockey une forte impression. Il y ajouta deux autres buts, ce qui lui en donnait cinq en trois joutes. On ne doutait plus, maintenant, qu'il finirait par jouer pour Montréal.

C'est ce moment-là que choisirent les Maple Leafs pour aller chercher le jeune Nesterenko, confiants qu'il ferait oublier à Toronto la menace venue de l'est. En fait, il ne fut pas à la hauteur de la publicité des Leafs: il jouait bien, mais jamais assez pour faire oublier à la foule de Toronto leurs annonces trop enthousiastes. Dans ses trois ans et demi avec le Toronto, il ne compta jamais plus de quinze buts par saison, à leur grande déception. Il fut ensuite expédié à une filiale de l'ouest, pour passer finalement à Chicago, où il fut utilisé avec grand succès, pendant treize ans, comme spécialiste de l'échec avant et du jeu défensif pendant les pénalités. A la fin de la saison 1968-69, il avait à son actif plus de deux cents buts, mais ce n'était pas un Béliveau, et son rendement, à Toronto, souffrit toujours des espoirs excessifs qu'on avait fondés sur lui. Ils se trompent, ceux qui affirment qu'il n'a jamais tenu la promesse de ses débuts: que dire de dix-sept saisons dans la ligue majeure, de plus de deux cents buts en saison régulière et d'une Coupe Stanley? Il a toujours été habile, intelligent et utile, mais ce n'était pas un Béliveau.

Un autre gars solide, arrivé au cours des quatre ans où tout le monde attendait Jean, ce fut George Armstrong. Acclamé par Toronto, lui aussi, comme une nouvelle étoile, il a fait encore mieux que Nesterenko. Il a vraiment été l'une de leurs plus grandes étoiles, comptant plus de buts qu'aucun autre de leurs joueurs, à l'exception de Mahovlich. Et pourtant, il se trouve des partisans pour dire que George n'a jamais *tout à fait* été un as.

Toronto n'est pas la seule équipe qui a fait à une recrue une publicité monstre, pour le voir ensuite jouer son hockey à lui, au lieu de leur hockey à eux, mais les Leafs, plus que les équipes américaines, ont toujours eu à contrebalancer la publicité accordée aux étoiles des Canadiens. Songez que Toronto et Montréal se disputent l'affection de tout un pays, et que leurs jeunes joueurs sont promis à la gloire très jeunes, parfois dès l'âge de quinze ans. Danny Lewicki, Brian et Barry Cullen, Wayne Carleton: voilà des joueurs dont on a voulu faire des étoiles dès leur arrivée dans la N.L.H. mais qui n'y sont pas arrivés. Les Canadiens ont, eux aussi, connu ce problème. Pensez à Don Marshall et à Bill Hicke. A sa dernière année dans les mineures, Bill Hicke était tellement formidable que, même avant son arrivée au camp d'entraînement, les Montréalais l'appelaient déjà "le nouveau Rocket"; il n'a jamais été un Richard, naturellement, pas plus qu'un autre Béliveau, et l'on aura toujours tort de noyer sous un flot de publicité un jeune joueur, si prometteur soit-il, en le comparant à une étoile du passé. De toutes les recrues qui se sont fait attendre deux, trois et même quatre ans, seules, deux ont répondu aux promesses des communiqués de presse. Maurice Richard, lui, est arrivé sans tambour ni trompette; quant à Gordie Howe, les Rangers l'ont vite laissé partir et, à sa première année dans la ligue, seuls les connaisseurs, à Détroit, savaient quelque chose de lui.

D'autre part, Doug Harvey dut jouer chez les Canadiens deux ou trois ans, avant qu'on s'arrête de dire qu'il était trop lent, paresseux, qu'il ne patinait pas assez. On se rendit vite compte que Harvey était un maître absolu de la rondelle, probablement le plus grand de tous les temps.

Seuls, Bobby Orr et Jean Béliveau ont pu survivre à un déluge de publicité. Et encore, Béliveau, blessé à sa première saison, n'a-t-il participé qu'aux deux tiers des parties, terminant quand même avec le respectable total de treize buts et vingt et une aides; ce n'était peut-être pas encore ce qu'on attendait de lui, mais il a fourni de l'excellent jeu dans les éliminatoires.

Il s'en est pourtant trouvé pour affirmer, un peu malicieusement, vers la fin des années cinquante, que Béliveau, *Béliveau,* pour l'amour du ciel! n'avait jamais donné son plein rendement. Qu'est-ce qu'on attendait donc de lui?

"Déjà, comme junior, dit Jean, je ressentais la pression. Si je comptais deux buts, on en voulait trois; à trois, on en voulait un quatrième; même chose dans la L.N.H. On s'attendait à ce que je compte autant que chez les juniors. Il est plus facile de compter quatre ou cinq buts au hockey amateur, junior ou sénior, qu'un seul dans la L.N.H."

C'est la longue attente de 1949-50, 50-51, 51-52 et 52-53 qui fit tant monter la tension: on attendait Jean. Les Canadiens ne voyaient pas souvent la coupe Stanley; ils perdirent en demi-finale en 1950, puis en finale en 1951 et en 1952. Ils la gagnèrent enfin en 1953, justement l'année où Jean avait compté cinq buts en trois parties. Tout ce temps, les gens de Québec piquaient les partisans des Canadiens: c'était eux qui avaient le meilleur joueur de hockey, il jouait pour les Citadelles, puis pour les As, et il gagnait plus d'argent et faisait plus de manchettes que n'importe qui dans le monde du hockey. Le petit jeu commença, à qui, de Montréal ou de Québec, aurait le grand joueur à lui; chaque année voyait l'administration de Montréal l'implorer de venir faire un tour dans la métropole pour y parler affaires. Les connaisseurs s'accordaient presque tous à dire qu'il ne pourrait rester indéfiniment à Québec; tôt ou tard, il lui faudrait mesurer l'horizon plus large du professionnalisme à l'échelle internationale.

Tous ceux qui suivent le hockey, et particulièrement ceux d'âge moyen, se rappellent ces batailles: "viendra-t-y, viendra-t-y pas? "

"Je n'avais jamais signé la formule 'C', celle qui donnait au club professionnel le droit de disposer de vous. Les Canadiens réussirent à m'inscrire sur leur liste de négociation, ce qui enlevait à toute autre équipe professionnelle le droit de me faire signer un contrat. Cette liste se limitait à trois noms, et la plupart des joueurs n'y restaient pas longtemps: ils signaient pendant qu'ils étaient encore juniors, ce qui les obligeait à négocier seulement avec le Club qui détenait leurs droits. La liste de négociation constituait une sorte de mainmise temporaire, de sorte qu'aucun club ne voulait y voir le nom d'un joueur trop longtemps; une fois votre signature obtenue, on vous portait sur la liste de réserve, pour faire place à un autre.

C'est ce que les Canadiens voulaient que je fasse, et nous en avons toujours discuté en toute franchise. J'avais la chance d'être un agent libre, ce qui me permettait de jouer avec n'importe quelle équipe non professionnelle; mais chez les professionnels, je ne pouvais faire affaire qu'avec les Canadiens. La Ligue de Hockey Senior du Québec ne jouissait pas encore du statut professionnel, de sorte que pendant mon séjour là-bas, j'étais parfaitement libre."

De nos jours, les jeunes joueurs sont beaucoup plus conscients de leur pouvoir de négociation et cela, pour plusieurs raisons: la formation de l'Association des Joueurs, l'abolition de la coutume de leur faire céder, très jeunes, tous leurs droits, le recours à des conseillers juridiques et surtout, l'exemple des athlètes du football et du baseball. De plus en plus, on veut faire sa carrière de hockey en fonction de ses études, de sorte que le jour n'est peut-être pas loin où le hockey collégial sera la porte d'entrée du jeu professionnel, surtout aux Etats-Unis. Ajoutez à cela que, par suite de l'expansion fabuleuse de la L.N.H., le nombre de postes accessibles a plus que doublé, au grand avantage des joueurs.

Vers la fin des années quarante et au début des années cinquante, seuls les joueurs à qui une habileté remarquable valait une grande renommée chez eux, comme les frères Laprade, Bert et Edgar, de Port Arthur, Ontario, jouissaient de cet avantage. Jean était dans le même cas, mais il n'y en avait pas beaucoup d'autres: c'était encore, dans l'ensemble, l'administration qui tenait le gros bout du bâton.

Le petit jeu de "c't'à moi, c't'à toi" entre Québec et Montréal, au sujet des droits sur Jean, a pu donner à certains la désagréable impression que la grande ville mangeait la petite et pourtant, cette transition toute naturelle de Québec à Montréal ne pouvait attendre indéfiniment. Il faut reconnaître qu'un joueur comme Béliveau peut devenir pour tout le Québec un emblème de solidarité. Il appartient, en puissance, à tous les québecois (à toutes les québecoises aussi!) et en somme, à tout le pays. Ce n'est qu'une question de temps.

Personne ne peut renverser le cours de l'histoire: la rivalité entre les deux villes est depuis longtemps oubliée, et ce n'est plus à telle ou telle ville que Jean appartient, mais à tout le pays et peut-être même à toute l'Amérique du Nord. Son histoire nous enseigne une précieuse leçon: le grand centre s'alimente chez le petit, de sorte que tout grand homme se trouve insensiblement arraché à son coin natal pour passer à la capitale de sa province et de là à la métropole, pour parvenir à la gloire internationale. Le gars à la figure juvénile, cheveux coupés court et mèche rebelle, que vous voyez sur la photo de 1948, devient graduellement l'homme solide, calme et sûr de soi qui fait, au printemps 1969, les pages de SPORTS ILLUSTRATED: "l'imposant Jean Béliveau", comme l'appelle ce magazine.

Pour ceux qui ont eu la chance de feuilleter les volumineux cahiers de Béliveau, sa fascinante histoire est toute là, racontée dans ces coupures jaunissantes remontant à vingt ans, quelques-unes dans des journaux disparus depuis. La première page raconte cette partie où, en surtemps, Jean avait battu Jacques Plante dans une course à la rondelle, pour mettre fin à la série sans défaite des Citadelles, le soir du vingt-six novembre 1948: *Victoriaville inflige aux Citadelles leur premier échec.* L'histoire rend encore, vingt ans après, un son familier. A la fin de la deuxième période, le puissant club de Québec préserve son avance de 2-1, jusqu'à ce qu'une recrue de l'équipe venue d'une petite ville, un joueur de centre à peu près inconnu des gens de Québec, vienne égaliser le compte, à la demie de la dernière période. En ces temps-là, dans les mineures, on jouait en surtemps même pendant la saison régulière. Au début de la période supplémentaire, la recrue de dix-sept ans prépare le but qui donne l'avantage aux siens, mais celui qui suscite des murmures d'admiration, c'est le but suivant, le coup de grâce:

. . . le deuxième but étant compté alors que Jacques Plante était rendu à la ligne bleue. Notre cerbère se fit enlever le disque par Béliveau qui tira avec précision dans la cage déserte.

Et c'est en parlant de ce but que les partisans regagnent leurs foyers; ils en verront bien d'autres. Le lendemain matin, *Le Soleil* publie une photo géante de quatre joueurs du Victoriaville: le gardien Denis Brodeur et deux avants en première rangée, puis derrière eux, la bouche et le menton cachés par la tête du gardien, la main saluant joyeusement le photographe, un gars quasi inconnu: Jean. La coupe de cheveux n'est pas la même; on ne voit pas la bouche, mais on ne peut s'y tromper: ce sont les mêmes yeux, c'est cette même expression, non pas d'agressivité ni de frénésie, mais de confiance et de maîtrise de soi.

Tournez la page: le même chroniqueur anonyme y décrit son équipe d'étoiles juniors de la saison. Quatre des noms de la première équipe sont devenus fameux: Plante, Saint-Laurent, Geoffrion, Béliveau. Plus bas, le reste du palmarès: le joueur le plus utile: Béliveau; la meilleure recrue: Béliveau.

D'autres coupures jaunies retracent les jalons de sa montée: "Béliveau nommé la meilleure recrue de l'A.H.A.J."; "Béliveau pressenti par un club junior de Montréal." Au bas de la page, un article touchant: un photo de Jean dans l'uniforme des Tigres de Victoriaville, une de ses dernières dans cet uniforme, entouré des directeurs du club et du maire de la ville. La vignette dit tout:

Jean Béliveau (au centre) reçoit du maire Gamache, en reconnaissance des services rendus aux Tigres durant la saison, un chèque de $200.00, don des admirateurs locaux à la meilleure recrue de la saison . . . Il n'a que dix-sept ans.

A côté de cette coupure, une autre qui marque l'étape suivante:

Jean Béliveau signe pour les Citadelles de Québec.

"Roland Mercier est venu à Victoriaville pour obtenir ma signature; c'était, et c'est encore, une des âmes dirigeantes du hockey. Attaché pendant un certain temps aux Rangers, il est passé récemment aux Bruins, dont il est le premier dépisteur au Québec. Je lui dois beaucoup: il m'a toujours été, autant et même plus que tout autre, un guide. Encore aujourd'hui, c'est à lui que je vais demander conseil; nous nous voyons souvent. Au hockey, il n'a pas son égal: c'est lui qui a découvert Bernard Parent et Gilles Marotte. C'est un ami intime, qui me connaît probablement mieux que tout autre."

Comme Roland Mercier était en ce temps-là gérant général des Citadelles, on trouve sa photo et son nom à chaque page de ces premières collections de coupures. Au début de la saison 1949-50, le Québec faisait partie de la ligue junior qui, peut-être, a été la plus rapide de l'histoire; elle comptait aussi deux fortes équipes de Montréal: les Canadiens Juniors et le National. Dans les fiches de pointage de cette saison-là et de la suivante, les dernières années de Jean chez les juniors, des noms connus sautent aux yeux; ils paraissent même dans un ordre familier: quand Béliveau n'est pas en tête, il n'en est pas loin. On y voit les noms de Geoffrion (naturellement), de Béliveau, de Moore et d'un entraîneur tout à fait inconnu, choisi par la *Gazette* de Montréal comme instructeur de la première équipe d'étoiles du hockey junior de 1949-50: Sam Pollock. C'est encore un tout jeune homme: il n'a que vingt-cinq ans, mais déjà la tête lui fourmille d'idées d'avant-garde qui feront de lui l'un des plus astucieux administrateurs de l'histoire du hockey. A feuilleter ces cahiers, on ne tarde pas à sentir converger, bien avant que se dessine le tableau définitif, les personnages qui domineront tout un secteur de la vie canadienne.

Il était déjà à l'oeuvre dans l'obscurité, cet étrange destin qui devait porter certains joueurs et certains entraîneurs au pinacle du sport, tandis que s'en voyaient négligemment, et parfois cruellement, rejetés d'autres qui semblaient, en 1949, posséder tout ce qu'il fallait. Parmi les joueurs juniors de ce temps-là, l'un des plus connus et des meilleurs était un jeune et habile joueur de centre du nom de Skippy Burchell, qui jouait aux côtés de Bernard Geoffrion en ces années de gloire du National. En 1950-51, par exemple, Jean, à sa meilleure année chez les juniors, a fini, chez les compteurs, ex aequo au premier rang avec Skippy Burchell, dans une course qui ne se termina qu'à la dernière partie de la saison, lors d'une rencontre entre le National et les Citadelles au Colisée.

Après la partie, les deux joueurs de centre rencontrèrent photographes et journalistes; sur les photos, Jean y apparaît d'une stature beaucoup plus imposante que son rival, qu'il dépasse d'ailleurs de toute la tête.

"Pourquoi certains n'y arrivent jamais? Je ne sais pas. Je ne saurais vous dire pourquoi Skippy Burchell n'est pas devenu une étoile des grandes ligues. Beaucoup plus petit que moi, il était peut-être un peu fragile. Mais cela ne l'a jamais empêché d'être un très bon joueur junior. C'est moi qui ai dû venir de l'arrière, l'année où nous avons terminé ex aequo." Vingt ans plus tard, Jean est devenu ce qu'il est, tandis que Skippy Burchelle ... tout ce qu'il a obtenu, c'est un essai avec les Canadiens.

Fragile, trop court, trop petit? Peut-être, mais cette année-là et dans les deux qui devaient suivre, il y avait, chez les Citadelles, un petit homme qui jouait à l'ombre du grand Jean, et dont les chroniqueurs sportifs ne savaient même pas tous épeler le nom: Henri ou Henry. De deux ans le cadet de Jean, de sept pouces plus court et, pour la plus grande partie de sa carrière, de soixante livres plus léger, il donnait l'impression d'un jeune homme que la première bonne mise en échec pourrait achever; et pourtant, il a survécu à bien des dures mises en échec et à de graves blessures, dont une, au dos, aurait suffi à rendre un homme infirme pour la vie. Aujourd'hui, tout le monde le connaît; tout le monde épelle son nom Henry. On a peine à croire que notre petit gars évolue encore dans la ligue, où il a compté, jusqu'ici, près de trois *cents* buts. Non, ce n'est pas la taille qui fait l'étoile.

Skippy Burchell, qui concédait à Camille Henry cinq livres et deux pouces, n'a joué que quatre parties dans la L.N.H., bien qu'il ait été, pendant une douzaine de saisons, une étoile des mineures. Il était tout simplement un peu trop petit, et peut-être s'est-il laissé décourager au contact continuel de joueurs qui le dépassaient d'une tête et pesaient une trentaine de livres de plus que lui. A sa dernière année chez les juniors, il égalait presque

Avec Bernard Geoffrion lors d'un essai chez les Canadiens en décembre 1952.

Béliveau. La vie a de ces cruautés: il faut souvent des années pour trouver un homme qui gagne avec consistance. Ce qui rend l'histoire de Béliveau si attachante, c'est que, chose très rare, il a été un gagnant dès le départ. Il a toujours gagné partout, depuis ces années lointaines où Roland Mercier est venu à Victoriaville obtenir sa signature. A dix-huit ans, dans l'hiver 1949-50, à sa première saison avec l'équipe junior de Québec, il commençait la série étourdissante de hauts faits qui devaient, dans les quatre années suivantes, faire de lui le plus fameux, le plus courtisé, et, sous certains rapports, le plus sujet à controverse des athlètes canadiens.

Les Citadelles de Québec appartenaient à Frank Byrne, un enthousiaste du hockey dont la plus chère ambition était d'apporter à Québec la Coupe Memorial, emblème du championnat de hockey junior du Canada, tout en remplissant le Colisée à craquer à chaque partie. Il était habilement secondé par Roland Mercier, responsable des joueurs et par Pete Martin, leur instructeur. Martin, qui possédait une longue expérience du maniement des jeunes joueurs, fut l'instructeur de Jean pendant la presque totalité de ses deux saisons chez les Citadelles. Frank Byrne adjoignit ensuite un conseiller à Pete. L'assistant, Kilby MacDonald, venait d'Ottawa; en 1940, alors qu'il jouait à l'avant chez les Rangers de New York, il avait remporté le trophée Calder, décerné à la meilleure recrue de l'année. Tout comme Byrne, Mercier et Martin, c'était un expert en hockey qui, dans une série éliminatoire contestée, se doublait d'un habile stratège. Dotés d'une organisation solide, les Citadelles, avec la venue de leur joueur de centre étoile, devinrent vite les favoris des habitués du Colisée. L'assistance monta en flèche: à la fin de la saison 1949-50, il n'était pas rare de voir au Colisée plus de dix mille spectateurs; ce fut le signal de la lutte pour obtenir Béliveau. Jamais au Canada, et presque jamais en aucun autre pays, on n'a vu un athlète de dix-huit ans attirer à une partie, comme l'a fait Jean, deux, trois et même quatre mille spectateurs *de plus*. L'édifice était flambant neuf, les sièges en nombre suffisant; il s'agissait de les remplir, et c'est ce que Jean a fait: l'homme et l'endroit se complétaient; ils allaient devenir indispensables l'un à l'autre.

Si l'on a tant recherché ses services, c'est que l'on se rendait probablement compte de cette mystérieuse attirance qu'il exerçait sur les foules. D'accord, c'était un grand joueur, mais bien d'autres grands joueurs n'ont jamais possédé ce magnétisme, et très peu l'ont eu à un tel degré. Avant longtemps, le seul objet qui devait décorer l'entrée du Colisée, ce devait être une photo géante de Béliveau: tous les gens de la région de Québec à qui le hockey tenait à coeur (tout le monde, en somme) le considéraient comme quelqu'un d'exceptionnel, d'unique, qui leur appartenait en propre.

C'est alors que commencèrent ces joutes mi-sérieuses, mi-comiques entre Frank Byrne et la direction des Citadelles, d'une part, et la direction des Canadiens, de l'autre; on devait y accorder de plus en plus de publicité, au cours des saisons 1949-50 et 1950-51, faisant de Jean le coeur d'une cause célèbre qui n'allait être résolue que deux ans après que Jean eut quitté les Citadelles pour passer aux rangs séniors, chez les As de Québec. Tous les ans, septembre le voyait se rendre au camp d'entraînement des Canadiens, sur invitation, pour ainsi dire, et sans signer de contrat. C'était à un moment où les Canadiens avaient besoin de renforts: Elmer Lach, leur meilleur joueur de centre, touchait à la fin de sa carrière. Il se retira après la saison 1953-54, confiant, sans doute, que les Canadiens lui avaient trouvé un remplaçant. Les filiales comptaient dans leurs rangs un ou deux autres joueurs de centre prometteurs: Paul Masnick et Don Marshall, par exemple, mais c'était surtout Béliveau que les Canadiens voulaient.

Chaque année, en septembre, la direction du Montréal et les chroniqueurs sportifs observaient, l'eau à la bouche, Jean à l'entraînement. Puis, octobre venu, un coup de chapeau, un bon-jour, et il s'en retournait à Québec jouer pour les Citadelles ou les As. Les rédacteurs montréalais trouvaient parfois les raisins trop verts: "Il n'est pas si bon que ça! " Attitude née de la déception, sans aucun doute. Ce qui la rendait encore plus aiguë, cette décep-tion, c'est que les Canadiens avaient maintenant l'oeil sur deux autres étoiles juniors, Bernard Geoffrion, ailier droit, et Dickie Moore, ailier gauche; on voyait déjà quelle ligne extraordinaire pourraient former ces trois jeunes, malgré la grande rivalité entre Moore et Béliveau, qui semblaient prendre plaisir à échanger des coups. Ce rêve qui trottait dans la tête des rédacteurs prenait, avec les années, des proportions gigantesques.

Mais Jean s'était engagé envers Québec, chose qu'il n'oublia jamais un instant. Il y joua ses deux dernières années comme junior, puis, chose inouïe, il refusa une nouvelle offre du hockey majeur pour passer deux autres années à Québec dans les rangs séniors.

Geoffrion avec Béliveau! Toute la saison 1949-50, nos deux gars s'échangèrent la tête du classement, suivis de près par Moore, le bagarreur. Nés tous trois la même année, ils mûrirent en même temps. C'est, d'ailleurs, leur présence au sein de la même équipe qui, jointe à cette maturité, devait marquer le début d'une série de championnats sans précédent dans le sport professionnel. Mais, pour le moment, cette époque de gloire allait attendre encore quatre ou cinq ans; elle ne serait assurée que le jour où Jean serait lui-même sûr de son avenir.

A la fin de la saison 1949-50, Jean finissait six points derrière Boum-Boum, chez les compteurs, et tous deux étaient sélectionnés pour faire partie de la première équipe d'étoiles de l'A.H.A.J. Les pages sportives commencèrent à monter en épingle une prétendue rivalité:

Quel est le meilleur, de Béliveau ou de Geoffrion?

Il ne devait pas y avoir de confrontation dans les éliminatoires, cette année-là, l'équipe de Boum-Boum ayant été éliminée en demi-finale, tandis que les Citadelles passaient en finale contre les Canadiens juniors et Dickie Moore; c'est alors que les journaux se mirent à brasser l'affaire:

Selke fera des offres fabuleuses à Jean Béliveau des Citadelles.

Au coeur de leurs articles se retrouvait toujours le même thème: la faiblesse des Canadiens au centre; il leur fallait absolument cet homme. Pendant ce temps, à Québec, une foule record de treize mille sept cent quatorze spectateurs se bousculaient pour aller voir, au Colisée, la troisième partie de la finale. Ce fut Jean qui compta le but vainqueur d'une partie de 3 à 2, et Dieu sait ce que dut penser, à voir le jeu et la foule, Sam Pollock, le jeune instructeur des Canadiens Juniors. Son équipe finit par emporter la série, pour gagner cette Coupe Mémorial que Frank Byrne convoitait tant pour Québec, mais Sam n'allait pas oublier de sitôt le but du grand joueur de centre; dix-neuf ans plus tard, à l'occasion d'un certain but compté en surtemps à Boston, il s'en souviendrait encore.

La deuxième année de Jean chez les juniors fut une année de triomphe: elle commença par sa participation aux parties hors concours des Canadiens, pour le voir ensuite faire un essai de deux parties chez eux, et partager avec Skippy Burchell la tête des compteurs, avec le plus grand nombre de buts, soit sept de plus que Boum-Boum et finalement remporter le championnat de l'A.H.A.J. pour recontrer en demi-finale, dans la course à la coupe Memorial, les Flyers de Barrie, dans l'une des séries de parties les plus rudes et les plus contestées du hockey junior.

Mis à part l'enthousiasme frénétique des foules du Colisée, le fait saillant de la saison, pour Jean, fut son début dans la L.N.H., au cours du premier de deux essais qu'il allait faire avant de signer un contrat qui ferait de lui un de leurs joueurs réguliers. C'est aux côtés du célèbre Maurice Richard qu'il devait évoluer, dans la première partie, contre New-York; Jean ne compta pas de but, mais ils furent toujours maîtres du jeu, à preuve qu'il put lancer dix-sept fois sur Chuck Rayner. Dans sa deuxième partie, ce fut lui qui compta le premier but, contre Chicago, dans un Forum rempli à craquer; ce fut ensuite lui qui prépara pour Boum-Boum, lui aussi à l'essai, le but victorieux. Cette performance des deux gars de dix-neuf ans, dans une partie qu'ils gagnèrent par 4 à 2, était un avant-goût de centaines de parties à venir, dont le sommaire serait presque toujours le même: Béliveau aidé de Geoffrion, Geoffrion aidé de Béliveau. La presse de Montréal s'accordait à reconnaître que les deux recrues étaient tout à fait à leur place dans la L.N.H., et qu'ils s'en tiraient même mieux que leurs adversaires. Ils avaient peut-être raison, déjà.

Prêt ou non, Frank Selke entendait bien saisir par les cheveux la première occasion de faire signer à Jean un contrat professionnel. Les journalistes aussi étaient impressionnés, témoin un article intitulé "Young Béliveau impresses", que signait Dink Carroll, dans la *Gazette* du lundi, 18 décembre 1950, sous la rubrique "Playing the Field:"

> *"Il est vraiment fait pour la grande ligue," dit Frank Selke. C'est un sentiment quasi unanime.*
>
> *Béliveau est ce même gars qui était, avant le début de la saison, un sujet de controverse entre les Canadiens et les Citadelles. Il s'est même entraîné avec les Habitants . . . mais le faire signer, c'est autre chose . . .*
>
> *Les Habitants ne sont pas des lâcheurs: ils ont même délégué des émissaires auprès de son père et de Frank Byrne, le propriétaire des Citadelles. Peine perdue. Même la promesse de lui envoyer la crème de leurs joueurs de centre juniors, plus un autre joueur, en échange, a laissé M. Byrne froid. Cela s'explique: les Citadelles attirent chez eux des foules d'au-delà de 12 000 personnes, et c'est surtout grâce à Béliveau.*
>
> *Lors des débuts du jeune homme dans la L.N.H., M. Byrne partageait la loge de M. Selke, mais après la partie, il a décliné son invitation à goûter dans la salle des directeurs.*
>
> *"Je ne le blâme pas, dit Frank: il a dû nous voir venir! "*

Ce refus d'accepter le cheval de Troie des Montréalais, même sous la forme d'un sandwich et d'un café, il fait sourire, aujourd'hui, mais les Québecois avaient pris l'habitude de se méfier des tentateurs de la grande ville. Cette signature, Frank Selke mettrait

Jean Béliveau reçoit en cadeau sa première voiture — de marque Nash — il a 19 ans — c'est sa dernière année junior: 1950.

encore trois ans à l'obtenir, mais il faut reconnaître qu'il a toujours joué franc jeu. Plus d'une fois, face à diverses rumeurs, le directeur général des Canadiens a répété sa première affirmation: "Il n'y aura pas de coercition ni de pressions malhonnêtes; nous n'amènerons pas Jean de force; quand il sera prêt, nous le recevrons, et à bras ouverts."

L'affaire est tout à l'honneur de ceux qui en ont été les artisans, sinon de ceux qui se sont contentés de la commenter. Il n'y a jamais eu, dans le monde du hockey professionnel, homme plus franc ni plus intègre que Frank Selke; son nom est devenu synonyme de loyauté. Comme il en est de même pour Béliveau, c'est dire que les deux protagonistes avaient la confiance absolue de tous. Aujourd'hui, le jeune athlète talentueux se fait accompagner, à la table des négociations, d'un agent, d'un avocat, de son instructeur amateur, des rédacteurs sportifs de sa ville ou de son collège et d'un agent de relations publiques, et tout le monde s'attend à des discussions longues, dures et parfois acerbes. C'est l'argent, sous une forme ou l'autre, qui tient la vedette, comme dans le cas de O.J. Simpson, par exemple.

Dans le cas de Béliveau, le coeur de l'affaire, ce n'était pas l'argent, mais une charge explosive d'émotivité qui recouvrait, non seulement un joueur, ses parents et ses conseillers, mais toute une région économique et géographique. C'était un sentiment qui enveloppait dans son réseau le vieux Québec, le Québec rural et la métropole. Si les gens de Québec et de la campagne environnante portaient Jean dans leur coeur, c'est qu'il symbolisait leur indépendance à l'égard de Montréal, de l'internationalisme, des gros capitaux, du monde extérieur. Comme naguère les gens de Victoriaville, ceux de Québec voulurent faire un cadeau à Jean: à la fin de la saison 1950-51, ils lui offrirent une Nash 1951 flambant neuve, et ce ne fut pas tout. Il touchait à la fin de sa carrière chez les juniors: en 1951-52, il lui faudrait passer, ou chez les professionnels, ou chez les amateurs seniors, et s'il choisissait les professionnels, ce serait chez les Canadiens.

Jean pouvait facilement trouver un emploi à Québec; il s'occupa, entre autres, de promotion des ventes à la Laiterie Laval; que ce fût à Québec ou à Montréal, il y avait beaucoup à gagner. Mais pour le gars de vingt ans, ce n'était pas une question d'argent, et il eut le bon sens de demander conseil à son père à ce sujet. Il s'agissait de demeurer loyal envers les admirateurs de son coin natal, tout en faisant fructifier son extraordinaire talent de hockeyeur.

Cette phase de la carrière de Béliveau est bien caractéristique de la vie canadienne: comme tant de canadiens l'ont fait pour réussir à gouverner le pays, il a dû recourir à un compromis. Il a fait en sorte que sa vie et sa carrière rendent justice aux deux partis, chose que doit apprendre tout Canadien en vue, s'il ne veut pas voir détruire à la fois sa vie et son oeuvre. S'il était resté à Québec, on se serait toujours demandé s'il était vraiment le plus grand joueur de centre de l'histoire, le meilleur joueur de tous les temps, peut-être.

Il aurait également pu aller à Montréal dès la fin de sa carrière de junior, chose tout à fait normale chez le joueur qui atteint, à vingt ou vingt et un ans, sa maturité physique.

Mais il n'a fait ni l'un, ni l'autre: en bon Canadien, il a cédé un peu de chaque côté.

La solution restait encore à venir, toutefois, car il lui restait encore deux douzaines de parties à jouer chez les juniors. Les Citadelles gagnèrent haut la main le championnat de l'A.H.A.J., puis défirent les Rockets d'Inkerman en quart de finale de la Coupe Memorial, pour rencontrer en demi-finale les puissants Flyers de Barrie, une des plus fortes équipes juniors à remporter le championnat de l'Ontario Hockey Association; quatre de ses joueurs devaient connaître une longue carrière dans la L.N.H.: Jim Morrison, d'à peine un mois le cadet de Jean, qui devait être longtemps une étoile de la L.N.H., à Toronto, à Détroit, à New York et à Boston; Jerry Toppazzini, célèbre avant des Bruins; enfin, Réal Chèvrefils et Léo Labine, tous deux d'authentiques étoiles du hockey majeur. Toute une équipe, ces Flyers, sans compter que leur instructeur était, depuis des années, comme il le resterait longtemps encore, le fameux "Hap" Emms, que d'aucuns considèrent comme le meilleur entraîneur de jeunes joueurs de l'histoire du hockey.

On sait que "Hap" Emms, comme directeur du programme de Hockey qu Canada, avait pour mission de rebâtir de fond en comble une équipe de calibre international. Avec de tels joueurs dirigés par un tel instructeur, les Flyers de Barrie formaient une équipe de grande classe; cette demi-finale de l'est du Canada allait passer dans l'histoire. Ce furent les Flyers qui la gagnèrent, ravissant à Frank Byrne la Coupe Mémorial qu'il convoitait tant pour Québec, mais la série n'en fut pas moins une oeuvre d'art.

Le 14 avril 1951, le *Globe and Mail* de Toronto étalait sur trois colonnes l'annonce suivante:
En vedette aujourd'hui:
JEAN—MARC BELIVEAU et les sensationnels
CITADELLES DE QUEBEC contre Léo Labine et les
FLYERS DE BARRIE.
On joua à guichets fermés: le Maple Leaf Gardens, qui pouvait

alors contenir 14 591 spectateurs, était bondé. Barrie gagna par 6 à 2; Jean n'obtint qu'une aide. Ils gagnèrent également la deuxième, mais de retour à Québec, Jean compta deux buts, pour remettre les Citadelles dans les rangs. Ce fut, du début à la fin, une série très contestée, tant sur la glace que dans les journaux et dans les salles de comités. On s'entendait si peu sur l'endroit où les Barries joueraient leurs parties locales, que Frank Byrne en vint à menacer de ne pas présenter son équipe à la partie suivante. Mais tout finit par s'arranger. Les Barries gagnèrent la dernière par 8 à 3, devant une foule monstre, au Maple Leaf Gardens. C'est alors que les journaux commencèrent à titrer:

Béliveau recevrait les offres du Canadien ces jours-ci à Montréal

Québec Aces in First Move to Sign Hockey Star

Tout au long des deux mois qui suivirent, les pages sportives furent parsemées d'en-têtes racontant, dans les deux langues, les péripéties du combat. Ce combat prit fin le vendredi soir, 8 juin 1951, lorsque Jean s'engagea sous contrat à jouer, la saison suivante, pour les As de Québec de la Ligue de Hockey Senior du Québec. Il prévoyait, pour satisfaire aux exigences des deux parties, jouer dans cette ligue une saison ou deux. Les partisans de Québec pourraient ainsi le voir jouer deux de ses plus belles saisons de hockey; il pourrait ensuite passer à l'équipe de la métropole avec le sentiment d'avoir été juste envers tout le monde.

La Ligue de Hockey Senior du Québec était ce qu'au baseball et dans la plupart des autres sports professionnels, on appelle une ligue "semi-professionnelle," ce qui offrait à Jean un compromis efficace, mais parfois sujet à controverse. La loi ne lui permettait pas de jouer pour une autre équipe *professionnelle* que les Canadiens, mais les As n'étaient pas, à proprement parler, professionnels. Commanditée par une grande société, l'Anglo Pulp, l'équipe était recherchée par les joueurs qui voulaient trouver, hors saison, un emploi au service de la maison. Elle avait comme instructeur un professionnel dans toute l'acception du mot, le fameux et, pour certains, le célèbre George "Punch" Imlach. Avant de passer aux Maple Leafs de Toronto, dont il a été l'instructeur, Punch, aujourd'hui devenu l'un des hommes les plus admirés et les plus critiqués du hockey, fut, pendant de longues années, entraîneur, gérant et, pour un moment, co-propriétaire des As de Québec.

Demandez-lui quel est le meilleur joueur à lui avoir passé par les mains: il vous jettera un petit coup d'oeil méfiant, marmottera un peu en se souvenant qu'il a piloté Mahovlich, Keon et Norm Ullman à Toronto, puis conclura d'un mot: "Béliveau."

Jean, enfin, signe son engagement chez les Canadiens, en octobre 1953. A ses côtés, Frank Selke et Dick Irvin.

"Il faisait bon jouer pour Punch, car il connaissait son hockey et savait bâtir une équipe. A mon arrivée chez les As, mon coup de patin laissait à désirer. On me dit patineur naturel, mais j'avais du chemin à faire. Je me souviens que lorsque je jouais avec les Citadelles, Jo-Jo Graboski, un grand joueur amateur senior, après m'avoir surveillé, m'a conseillé de m'améliorer. Punch avait conçu à mon intention un exercice spécial et trop peu connu: je faisais le tour de la patinoire, en possession de la rondelle, un ailier rapide à mes trousses, puis nous renversions les rôles. On y améliorait sa vitesse, ses échappées et ses mouvements de jambes; j'y ai beaucoup gagné."

L'année avant l'entrée de Jean chez les As, Punch avait eu un joueur du nom de Dick Gamble, qui devait jouer pendant une couple de saisons chez les Canadiens, puis un bon nombre d'années dans la Ligue de Hockey Américaine. A sa dernière année chez les As, il avait compté quarante-six buts, un chiffre impressionnant, étant donné le calibre de la ligue. Imlach, qui retient tout, n'oublia pas pareille performance. Bien des années plus tard, après que Dick Gamble fut passé à la chaîne du Toronto, Punch le racheta, pour le faire jouer avec les Leafs à la fin d'une saison contestée.

"Si vous donnez satisfaction à Punch Imlach, il ne vous oubliera jamais; il vous fera confiance et vous appuiera alors que des entraîneurs de moindre valeur ne le feraient peut-être pas. C'est pourquoi il s'est acquis le dévouement illimité de ses joueurs, qui le considèrent comme l'un des meilleurs instructeurs.

Punch savait former une équipe, et nous en avons eu de fameuses, avec Jean Marois, puis Jack Gélineau comme gardiens. Nous avons eu aussi Marcel Bonin, un gars qui avait du coeur au ventre comme pas un. Je me souviens d'une partie hors concours contre les Red Wings où Marcel, récemment sorti des rangs juniors, s'est battu avec Ted Lindsay, une étoile du temps. Ils se sont battus jusque sur le banc des pénalités. Vic Stasiuk s'en est mêlé et, une fois l'ordre rétabli, Marcel s'en est pris aux deux à la fois. Impressionnés, les Red Wings out engagé Marcel, qui a joué longtemps pour eux avant de passer aux Canadiens. Nous avions des joueurs de partout; il y avait ceux qui songeaient dèjà à se tailler un avenir au service de l'Anglo, comme Ludger Tremblay, le frère aîné de Gilles, un joueur très rapide, qui jouait dans le style de Gilles, bien que moins grand. J'ai eu comme compagnons de ligne Ludger et Gaye Stewart, l'ancienne étoile des Maple Leafs, venu terminer sa carrière avec Punch.

On avait bien du plaisir. Prenez Yogi Kraiger, par exemple; son vrai nom, c'était Frank, mais tout le monde l'appelait Yogi. Il venait de Cleveland; ce n'était pas seulement un très bon joueur de défense, mais un excellent athlète. Ce qui nous amusait, c'était de l'entendre se vanter: à l'en croire, il détenait le championnat mondial dans tous les sports: lancer du javelot, course à obstacles de cent mètres, retraits par un arrêt-court en une saison; enfin, tout.

Nous nous étions rendus à Cornwall en autobus, pour une partie hors concours, dans la saison et, sitôt la partie gagnée, nous partions pour l'Abitibi: Rouyn, et Val D'or, pour en jouer d'autres. Vous vous rappelez le vieux canal Soulanges, le long de la Route Deux, à l'ouest de Montréal? Il n'était pas encore tout à fait gelé, et c'est ce qui me fait dire qu'il devait être tôt dans la saison; en longeant le canal, Yogi s'est mis à se vanter de ses prouesses de nageur. C'est alors que quelqu'un lui a lancé: Yogi, tu ne traverserais même pas le canal à la nage! Ca l'a piqué au vif. Alors, les gars se sont mis ensemble et lui ont parié vingt-cinq dollars qu'il ne le ferait pas. A la mi-novembre! Et discute et discute . . . Finalement, Punch nous a dit de nous taire, puis il a fait arrêter l'autobus à la hauteur de l'un des petits ponts et nous a fait descendre. Yogi s'est mis en caleçons, puis il a dégringolé la berge et traversé le canal. L'entraîneur l'attendait, au milieu du pont, une couverture à la main; mon Yogi était tout bleu, mais il a gagné ses vingt-cinq dollars; on a bien ri. Dernièrement, il m'a envoyé une carte de Noël de la Colombie-Britannique, mais il y a des années que je ne l'ai vu.

J'ai beaucoup appris, pendant ces deux belles années. Je me souviens d'une remarque que Punch avait faite, au sujet de mon lancer frappé. Ayant remarqué que mon élan était très court, il m'avait conseillé de ne pas le changer, au lieu de faire le grand geste que vous voyez faire aujourd'hui. C'était un bon conseil, car l'élan court est celui qui semble bien me convenir.''

Les gens demandaient souvent à Punch si Béliveau réussirait, face à des formations beaucoup plus mûres que celles du junior: est-ce qu'il égalerait les quarante-six buts de Dick Gamble?

"Il s'en tirera, répétait-il; je me contenterais de trente buts.''

A l'automne, Jean démarra lentement — lentement à son goût à lui — de sorte qu'à la mi-saison, il était au dix-neuvième rang chez les compteurs; il avait de la difficulté à s'habituer à ses nouveaux ailiers, ainsi qu'au style et au calibre du jeu de ses adversaires, dont plusieurs, plus âgés, possédaient beaucoup plus d'expérience. Aux deux tiers de la saison, on pouvait lire, dans les pages sportives:

Béliveau attire maintenant l'attention des meneurs.

C'était un peu comme brasser une bouteille de lait: la crème disparaît, mais laissez reposer un peu la bouteille et vous la verrez réapparaître à la surface, aussi pure et aussi fraîche que jamais.

Dans les dernières semaines de cette saison 1951-1952, Jean devait s'approcher de la tête des compteurs, à trois ou quatre points du joueur de centre vétéran, Les Douglas, du Royal de Montréal, ce qui fit demander aux journalistes: "Jean Béliveau atteindra-t-il les cinquante buts? " Il n'en a pas compté cinquante, cette année-là, ni même les quarante-six de Dick Gamble: il en compta quarante-cinq, dès sa première année dans la ligue; il attirait quinze mille spectateurs à Montréal et à Québec et remplissait les arènes des autres villes; à la fin de la saison, comme la crème de la bouteille de lait, son nom, devenu célèbre, émergea à la tête des statistiques. Ses quatre-vingt-trois points lui assurèrent le championnat des compteurs, tandis que son total de quarante-cinq buts, le plus fort de la ligue, lui valait d'être choisi à l'unanimité par les instructeurs comme joueur de centre de leur première équipe d'étoiles. Il fut élu la recrue de l'année, le joueur le plus utile chez les As et le joueur le plus susceptible d'accéder aux rangs professionnels. En somme, il remporta tous les honneurs.

La saison 1952-53 se révéla une version améliorée de sa première année chez les séniors; il compta plus de buts, obtint plus de trophées, dont celui du championnat de hockey senior du Canada, et pendant ce temps, les Canadiens continuaient à lui faire des offres. L'automne 1952 vit les débuts de la télévision d'état canadienne; en moins de deux ans, la télédiffusion du hockey professionnel majeur obtenait la cote d'amour des Canadiens. La guerre des nerfs au sujet de Béliveau atteignit parfois le point d'ébullition: un député québecois affirma, à la Chambre des Communes, que la ligue professionnelle essayait de forcer la L.H.S.Q. à devenir professionnelle, pour jeter Jean dans les bras des Canadiens. Tout le long de cette dernière saison à Québec, ce fut un beau chahut, surtout quand Jean, lors de ses trois joutes d'essai avec les Canadiens, compta ses cinq buts, dont un tour du chapeau contre les Rangers de New-York. Il fallait que ça passe . . . ou que ça casse.

Le principal jalon de cette nouvelle étape de la vie de Béliveau fut son mariage avec Elise Couture, de Québec, le 27 juin 1953. Ce n'était plus le grand maigre, c'était un homme marié, maintenant; le temps était venu d'y aller. A l'automne, il se rendit au camp d'entraînement des Canadiens, comme d'habitude, mais cette fois-ci, ce fut une autre histoire: en octobre 1953, juste avant l'ouverture de la saison régulière, il signait le contrat le plus avantageux jamais offert à une recrue de la L.N.H. "J'ai ouvert le coffre-fort, devait rapporter Selke, et je lui ai dit de prendre ce qu'il voulait."

3

La famille

Il fait doux, en ce dimanche après-midi d'avril; au Forum, les Blues de Saint-Louis jouent contre les Canadiens la première partie de la finale pour la Coupe Stanley. Vers la demie de la deuxième période, au cours d'une mêlée au centre, la rondelle passe par-dessus le banc du chronométreur, pour rebondir durement sur le devant d'une loge, tout près de Mlle Claire Walsh, qui plonge pour l'attraper.

Au même moment, du premier rang d'une autre loge, un homme bondit dans l'allée où la rondelle tournoie encore. D'un geste irréfléchi, il la saisit, poussant durement Claire contre le panneau protecteur où elle se heurte la tempe; voyant ses genoux fléchir, on s'empresse autour d'elle, tandis que notre partisan se sauve avec son souvenir.

Au deuxième entracte, elle n'est pas encore tout à fait remise. Je lui demande ce qui s'était passé. "Depuis le temps que je viens ici, me dit-elle, j'aurais dû apprendre à me relever la tête, comme les joueurs.

—Vous vous étiez déjà blessée?

—Oh, oui: une fois à la cheville, et une autre fois dans le dos, alors que je guidais quelqu'un vers son siège; mais cette fois-ci ce n'était pas la rondelle: c'était plutôt une mise en échec. C'était la première fois que j'essayais d'attraper une rondelle; je voulais la

donner au petit garçon d'un ami, mais on ne discute pas avec les abonnés. Je me reprendrai bien un jour.

—Il y a longtemps que vous travaillez ici?

—Dix-sept ans.''

Mademoiselle Walsh paraît à peine avoir trente-cinq ans, ce qui veut dire qu'elle est ouvreuse depuis son adolescence; elle a donc débuté ici en même temps que Béliveau: une longue carrière, pour une ouvreuse.

"Mais je vous ai déjà vue aux parties des Expos?

—En effet, on nous a offert ces postes, mais comme ils jouent toute la semaine, ça m'intéressait moins; tandis que le Forum . . . le Forum, c'est comme une grande famille.''

Je remarque qu'en passant près de nous, les abonnés la saluaient tous. Elle s'entend très bien avec le chronométreur et les autres officiels. Tout le monde la connaît; vous aussi, si vous avez la télévision. Chaque fois qu'un joueur s'en va au banc des pénalités, vous la voyez, derrière lui, cachant un sourire de sa main gantée, un agent costaud à ses côtés. Lui aussi, vous le reconnaissez: il est toujours là.

Dix-sept ans au sein de cette famille!

Une vingtaine de rangées plus loin, en cet après-midi d'avril, on voit le premier ministre, Pierre-Elliott Trudeau, aux côtés du propriétaire de l'équipe, David Molson. Derrière eux, une couple de membres du cabinet. Le premier ministre regarde la foule, s'anime, gesticule. Il attire l'attention, bien sûr, mais il *n'est pas* escorté d'une meute d'agents secrets chargés d'écarter les curieux et de tout prendre en mains. Il fait bon le voir là, libre, mêlé à la foule. Monsieur Trudeau s'est toujours identifié au sport; pas tant aux sports d'équipe, toutefois, qu'aux sports individuels, comme la nage, la plongée, le camping, le canotage. Mais sa famille avait un intérêt dans les Royaux de Montréal, de la Ligue Internationale, l'équipe qui ouvrit aux noirs les portes du baseball professionnel; en outre, comme tout Montréalais qui se respecte, il connaît son hockey. Tout comme mademoiselle Walsh, les seize mille spectateurs et moi-même, il fait partie de la famille.

Sur la glace, il est parfois difficile de distinguer les deux équipes, tant les tactiques de Scotty Bowman reflètent sa formation aux mains de Sam Pollock. Scotty et Claude Ruel, ce dernier encore plus jeune que lui, ont un passé étrangement similaire. Ils ont tous deux été victimes de graves accidents dans les rangs juniors: Scotty a été grièvement blessé à la tête d'un coup de bâton, chez les Canadiens juniors, en 1951-52, tandis que Claude a perdu l'usage d'un oeil, cinq ans plus tard. Sam Pollock, un maître recruteur, retint leurs services comme éclaireurs et instructeurs. Ils

Mêlée devant le filet du Saint-Louis. De g. à dr.: Jean Béliveau Ron Shock (10), Jean-Guy Talbot (22), Al Arbour (3), Bill McCreary (15) et Glen Hall (gardien) — mai 1968.

virent augmenter leurs responsabilités, jusqu'au jour où, tout naturellement, ils accédèrent au poste d'instructeurs dans la L.N.H.

On sait que Sam était ce jeune instructeur de vingt-cinq ans qui dirigeait les Canadiens Juniors en 1949-50, l'année où Jean Béliveau et Dickie Moore se rencontrèrent pour la première fois en éliminatoires, les Citadelles étant opposés aux Canadiens Juniors, un an ou deux avant l'accident de Scotty Bowman. On voit donc que, déjà, lors de la série finale de 1969, pour la Coupe Stanley, se tramait un réseau complexe d'affiliations et de loyautés dont les origines remontaient à deux décennies chez certains protagonistes de ce grand jeu, sans compter d'autres liens de parenté plus obscurs qui avaient pris racine au début du siècle.

Les liens de parenté, sujet d'étude du sociologue et de l'anthropologue, et la place de choix qu'y occupe un Jean Béliveau, sont ce qui vaut au hockey professionnel son rôle essentiel dans la vie canadienne. Le critique Norman Podhoretz, dans son livre *Making It,* désigne sous le nom de "la famille" un petit groupe d'intellectuels de New York qui domine la littérature américaine; il songe surtout, explique-t-il, à la famille juive de la région newyorkaise, avec ses tentacules de liens, cette famille où tout le monde se connaît, où chacun sait ce que l'autre écrit et comment les critiques le traitent, même si on ne s'est plus revus depuis les lointaines années du collège.

Cette notion de famille, elle s'applique beaucoup mieux aux liens qui rattachent les gens du hockey professionnel, mais à une différence près: alors que le milieu littéraire demeure fermé, comme le laisse entendre le titre du livre de Podhoretz — "to make it", c'est un peu forcer la porte —, la famille du hockey, elle, reste ouverte. Elle accepte et attire dans son sein tous ceux qui veulent bien y entrer: un premier ministre, une jeune et jolie ouvreuse, un grand blessé du hockey. Et cette petite société se fond très subtilement dans la grande.

Un jour qu'attablés dans un restaurant, Jean et moi parlons de l'histoire du club, je remarque une femme d'un certain âge qui tourne autour de nous. Son regard croise celui de Jean; il lui sourit; encouragée, elle s'approche et sort une photo d'une enveloppe: "Monsieur Béliveau, je vous ai vu à la télévision, ce matin; je suis de Québec; je me demande si vous pourriez autographier ceci pour ma petite fille? "

C'est la photo d'une jolie fillette de huit ans, en robe de Première Communion.

"Elle s'appelle Hélène; si jamais elle apprend que j'ai raté ma chance, elle ne me le pardonnera pas.

La Coupe Stanley 1956 — avec Maurice Richard et Butch Bouchard.

Avec Gordie Howe avant une joute d'étoiles contre les Canadiens – vers la fin des années cinquante.

—A ma chère Hélène? demande Jean.
—Parfait! Elle va être si contente! "

Il signe au revers, puis, sans se presser, ajoute une petite note. "Voilà.

—Merci beaucoup, et bon appétit! "

Elle s'en va, émue, heureuse.

Angle Sainte-Catherine et Closse, vingt minutes avant la partie, c'est Dickie Moore qui cause avec un agent; s'il semble un peu nerveux, c'est qu'il songe peut-être que l'an dernier, il jouait en finale pour les Blues contre les Canadiens, au cours d'un des plus brillants retours de l'histoire du hockey professionnel. Il se rappelle peut-être même cette lointaine série avec Sam et Jean où ils étaient tous beaucoup plus jeunes. Il n'a pas l'air à l'aise, en tenue de ville. Le voilà qui entre, lui aussi. Il est rumeur que Scotty lui confie, l'an prochain, le poste d'instructeur des blues, pour se réserver celui de gérant-général. Niée deux semaines plus tard, la rumeur n'en persistera pas moins jusqu'à l'été. Tout comme Sam Pollock, Scotty aime engager des connaissances.

La dernière année que Jean passa dans les rangs juniors, Scotty Bowman jouait pour les Canadiens Juniors, tandis que Jean-Guy Talbot, l'un des meilleurs joueurs de défense de la ligue, jouait pour les Reds de Trois-Rivières; c'était un dur, qui se faisait souvent pénaliser. L'année suivante, Jean passait chez les As, tandis que Scotty et Jean-Guy demeuraient chez les juniors. Un soir que ces deux derniers se chamaillaient, Jean-Guy abattit son bâton sur la tête de Scotty; heureusement pour tout le monde, le bâton se brisa.

Ce coup de bâton, qui devait mette fin à la carrière de Scotty, changea tout chez Jean-Guy: sa vie et son style. Il devint un artiste de la défensive, un gars qui pouvait vous battre de vitesse et choisir son temps pour compter. Il devait passer une douzaine de saisons chez les Canadiens et faire partie d'une équipe d'étoiles; ensuite, l'expansion venue, on le retira de la liste de protection, pour le promener un certain temps dans la nouvelle division. Vers le milieu de la saison 1967-68, Scotty, qui se cherchait un joueur de défense expérimenté et capable de manier la rondelle, alla le chercher; résultat: en ce dimanche après-midi de 1969, on peut voir, derrière le banc du Saint-Louis, un Scotty Bowman qui observe le jeu d'un Jean-Guy Talbot. Quelque part dans la foule se trouve Dickie Moore, tandis que Jean mène les Canadiens.

Deux semaines avant la partie, deux minutes à peine après la quatrième défaite consécutive des Leafs aux mains du Boston en éliminatoires, on a congédié l'instructeur perdant, nul autre que Punch Imlach, le dernier instructeur de Jean chez les amateurs. Le hockey, c'est un jeu, ou plutôt une institution sociale formée d'un subtil entrecroisement de relations enveloppant les millions de gens qui regardent à la télévision, un dimanche après-midi, les Canadiens disposer des Blues.

C'est la deuxième année de suite que les Canadiens et les Blues s'affrontent en finale pour la Coupe Stanley. Les Canadiens ont gagné les deux fois en quatre parties, tandis qu'en saison régulière, les Blues n'ont réussi qu'à jouer deux parties nulles. Tous les connaisseurs savent pourquoi les Blues n'ont pas eu contre les Canadiens autant de succès que Oakland ou Minnesota, par exemple: pour les Blues, jouer contre les Canadiens, c'est jouer contre des frères, et des frères qu'on aime bien. Mais, pas si vite! Oakland s'en est bien tiré, contre les Canadiens, cette saison-ci; ils ont même eu le dessus, dans leur série contre eux, dans la saison. Or, Oakland ne compte-t-il pas un bon nombre d'hommes venus de chez les Canadiens? Leur gérant-général, par exemple, n'a-t-il pas un nom célèbre à Montréal? N'a-t-il pas fait les commentaires, aux entractes, de longues années, à la télévision, ce Frank Selke fils, dont le père avait dit: "J'ai ouvert le coffre-fort et j'ai dit à Jean de prendre ce qu'il voulait"? La famille s'étend, au-delà du Mississipi, jusqu'en Californie, où Frank Selke fils dirige un club qui compte une demi-douzaine de joueurs venus de chez les Canadiens. Au dernier voyage, ce sont les Seals de Selke qui ont infligé aux Canadiens leur défaite de 5 à 1, lors de la plus dure partie de leur tournée.

Que dire des North Stars de Minnesota? Voici Danny Grant, la recrue de l'année, qui était, l'an dernier, réserviste chez les Canadiens; Claude Larose, un des favoris de Sam Pollock, qui l'a vu partir à regret; enfin, Danny O'Shea, autrefois la propriété des Canadiens.

A Los Angeles, on retrouve Léon Rochefort; à Pittsburgh, Noël Price; à New York, Don Marshall, jadis considéré comme l'un des joueurs de centre les plus prometteurs du réseau des Canadiens, après Béliveau. Bernard Geoffrion, un Canadien des Canadiens, était instructeur du New-York, quand la maladie est venue le terrasser.

Gerry Desjardins, des Kings de Los Angeles, l'un des plus solides aspirants au titre de meilleure recrue de l'année, venait de chez les Canadiens; Sam Pollock avait dû laisser partir ce brillant gardien de but lors du repêchage, pour protéger Rogatien Vachon.

L'autre recrue qui partage la vedette avec Desjardins chez les gardiens de la division ouest est Bernard Parent. Bernard est peut-être même le meilleur jeune gardien de la ligue, mais les admirateurs de Vachon ne sont pas d'accord, là-dessus. Sans venir des

Jean, avec Maurice Richard et l'instructeur Toe Blake — 1953.

rangs des Canadiens, Parent a quand même été découvert par Roland Mercier, celui-là même qui avait fait signer à Jean son contrat chez les Citadelles, au printemps 1949, et qui lui est encore associé de très près.

On comprend mal que les Canadiens en imposent tant au club de Scotty, et si peu à celui de Frank. L'influence joue en sens opposés, selon qu'il s'agit des Blues ou des Seals, à tel point que Scotty ne laisse pas Jacques Plante jouer contre Montréal, sauf dans les éliminatoires.

"Ecoutez, dit Scotty, les Canadiens ont assez le feu sacré contre nous, sans que je leur présente Jacques par-dessus le marché."

Jouer contre leur ancienne étoile, les Canadiens, et surtout Jean, sont fous de ça; Jean se rappelle encore le soir où les Tigres de Victoriaville, pourtant moins forts, ont mis fin à la série de seize parties sans défaite de Jacques. Face à Jacques, il a des gestes complexes et trompeurs et devant Doug Harvey, une étoile des Canadiens à l'arrivée de Jean, ce dernier joue son plus beau style.

Le hockey est VRAIMENT une immense famille, dont le réseau de liens de parenté comporte des points centraux, des points de cristallisation, comme dans une nappe d'eau en congélation. Jean se trouve être l'un de ces points: son nom, sa carrière, tout, chez lui, est partie intégrante de ce filet dont les ramifications s'étendent jusqu'aux limites de cette famille. Si, dans la famille des Canadiens, le célèbre Rocket est le Joseph de la Bible, le prince autoritaire et irascible, Jean, lui, c'est le Benjamin, le fils bien-aimé, le plus humain, le héros unique en son genre, autour duquel se groupent Dickie, Scotty, Frank, Frank fils, Boum-Boum, Punch et Hap Emms, pour former une histoire qui tient, par-dessus tout, de l'épopée.

Comme tous les cycles légendaires, celui-ci se perd dans le temps et dans l'espace. L'une des figures les plus intimement liées à Jean est celle d'Hector "Toe" Blake, instructeur des Canadiens de 1955 à 1968, l'instructeur qui a connu le plus de succès dans les annales de la L.N.H., probablement le meilleur de tous les temps, celui qui a remporté le plus souvent la Coupe Stanley; or, sa carrière d'instructeur a coïncidé exactement avec les premières grandes années de Jean. Jean et Toe se connaissaient déjà très bien, avant cela, mais la légende les associera toujours à cause de ces années-là.

Au moment où Jean jouait à Québec sous la direction de Punch, Toe faisait ses débuts comme instructeur dans la ligue, à Valleyfield; tout comme Imlach, il aimait mieux voir Jean à ses côtés qu'en face de lui. Il faut que joueur et instructeur se complètent comme les deux doigts de la main, et ce fut le cas de Blake et Béliveau:

aux yeux du public montréalais, ils sont aussi inséparables que Montréal et sa montagne. Mais l'instructeur, chez Blake, se doublait d'une ancienne étoile: il avait été à l'aile gauche d'une des plus brillantes formations au hockey, avec Elmer Lach au centre et le Rocket à l'aile droite. Sa carrière de joueur remonte aux années trente, alors que prenait fin une autre dynastie des Canadiens.

Toe est arrivé chez les Canadiens au moment où s'achevait la période de gloire des Morenz, des Joliat, des Johnny Gagnon et des Cecil Hart. Ce dernier nom de Hart est l'un des plus chéris du hockey; en effet, c'est le docteur David A. Hart, de Montréal, père de Cecil Hart, qui, il y a plus de quarante-cinq ans, en *1923*, présenta à la ligue son trophée le plus convoité, le Trophée Hart, accordé chaque année au joueur le plus utile de la Ligue Nationale. Comme on peut s'y attendre, le nom de Jean y figure deux fois: il l'a remporté à sa troisième saison, puis à sa onzième. En 1969, à sa seizième saison dans les majeures, il n'a remporté ni le titre de joueur le plus utile, ni le trophée Hart: il venait au deuxième rang, mais il reste d'autres années . . . qui sait?

Il est un autre trophée qui, tout comme celui accordé au meilleur joueur, fait partie de la tradition des Canadiens: le trophée Vézina, présenté à la Ligue durant la saison 1926-27 par les propriétaires de l'équipe, à la mémoire de leur gardien étoile Georges Vézina, le "concombre de Chicoutimi", décédé au début de 1926. Accordé annuellement au gardien (ou aux gardiens) de l'équipe contre laquelle il s'est compté le moins de buts durant la saison régulière, il perpétue la mémoire d'une étoile des Canadiens depuis longtemps passée à la légende.

La tradition du hockey, la tradition montréalaise, l'aspect culturel, les Hart, Jackie Robinson, Béliveau, l'homme de la petite ville de Québec, tout cela se fond en un alliage si riche de signification, qu'à voir le nom de Jean sur le Trophée Hart, tout à côté de ceux de Howie Morenz, qui l'a gagné trois fois, de Lach, de Richard et de Toe Blake, qui l'ont remporté chacun une fois (le seul cas où les membres d'une ligne l'ont remporté *tous les trois* à tour de rôle), on éprouve le vertige devant un organisme social dont les racines sont à la fois si complexes et si variées.

Commencée par le Dr Hart et Georges Vézina, pour passer par Morenz, Cecil Hart et Toe Blake, puis aboutir à Jean, en 1969, pour se prolonger en 1970 et au-delà, l'histoire se déroule comme le Saint-Laurent: profonde, puissante, tenant presque du mythe, elle se relie à d'autres histoires qui traversent, non seulement le continent, mais tout le vingtième siècle. Il y a d'autres familles, profondément enracinées, à Boston, où la tête dirigeante est un Adams, un grand nom de cette ville, à Toronto, où même les

Jean avec Yvan Cournoyer (12) et Jacques Lemaire (25).

commentateurs de la radio et de la TV sont de la troisième génération, à Détroit et à Chicago, où la famille Norris détient des intérêts dans les deux clubs. Déjà, naissent d'autres dynasties à Saint-Louis (où les racines sont déjà étonnamment fortes) et dans toutes les nouvelles villes de la Ligue, des dynasties parfois intimement reliées à la vieille tradition, comme Saint-Louis et Oakland le sont aux Canadiens.

Le Hockey a toujours été, dans ce sens, un sport de famille. A Montréal et à Toronto, il s'est déjà *légué* des billets de saison de père en fils.

"Elise avait coutume d'employer régulièrement mes billets, me dit Jean, mais maintenant, c'est ma fille Hélène; quand il s'agit de les passer, elle a son mot à dire."

Bernard Geoffrion a épousé la fille de Howie Morenz.

Gordie Howe a deux fils qui promettent de devenir de bons joueurs de hockey.

La L.N.H. compte depuis plus de vingt-cinq ans un membre de la famille Richard: ce fut Maurice, puis Henri, et quand Henri décidera d'abandonner, dans quatre ou cinq ans, peut-être, il se trouvera bien une autre génération de Richard pour troubler le sommeil des gardiens de buts.

Il y a d'autres familles encore: les Patrick, dont les relations avec le hockey professionnel remontent à 1910, et qui participent encore activement à la direction du Saint-Louis; les Cook, le célèbre duo de frères des Rangers, dans les années 1930; trois ou quatre membres de la famille Boucher d'Ottawa; Frank "King" Clancy et son fils Terry; les Conachers de Toronto, les Thompson de Chicago et Boston, Phil Esposito des Bruins et son frère Tony, du Chicago, Dick et Les Duff, Billy et Ernie Hicke, "Busher" Jackson et son frère Art, deux Colville, une couple de Hextall, "Babe" Pratt et son fils Tracy; enfin, trois Cullen, dont l'un est une étoile du Minnesota.

Inépuisable, la liste n'a son égal dans aucun autre sport; elle souligne, d'une part, la cohésion et l'interrelation paradoxales de ce jeu et, d'autre part, cette accessibilité illimitée et cette ouverture qui en constituent les plus précieuses qualités. Au Canada, si vous n'avez jamais joué au hockey, vous avez un frère qui l'a fait, ou du moins, vous connaissez quelqu'un qui l'a fait, et que vous avez envié, en portant fièrement comme lui, à quinze ans, le blouson de l'équipe.

J'ai eu comme camarade, à l'école secondaire, un garçon qui devait devenir une étoile de la L.N.H. et un autre comme élève, dans mes premières années d'enseignement. Et me voici en train d'écrire un livre sur le plus grand joueur, peut-être, de tous les temps. C'est là ma vie, tout comme c'est la vôtre, et Béliveau en fait partie. On n'y peut rien: c'est la vie.

Cet écheveau de relations va plus loin que l'échelon supérieur des mineures ou même que le niveau des majeures: imperceptiblement, il recoupe tout la vie. Qui se souvient, par exemple, que chez les Citadelles, Jean a joué avec le frère de Jacques Plante? D'autre part, tout le monde connaît Maurice et Henri Richard, mais qui connaît leur frère Claude? Et pourtant, c'était, il y a cinq ans, chez les Olympiques de Montréal, un co-équipier de Noël Picard, devenu depuis un des meilleurs joueurs de défense des Blues; ainsi vont les cycles de parenté: ils se recoupent, s'entrelacent . . .

Le soir du Vendredi-Saint 1969, Jean se trouvait dans le vestibule du Roosevelt Hotel, à New-York; derrière lui, attendant l'ascenseur, Joe Provost, dont la figure balafrée et la mâchoire de fer ne sauraient tromper; plus loin, au milieu du vestibule, Henri Richard, puis un groupe de jeunes: Jacques Lemaire, Mickey Redmond . . .

"Mickey est un chic type, me dira Jean; à se tenir avec Jacques Lemaire, vous devriez voir comme il apprend vite le français."

En tenue de ville, les joueurs vous semblent plus petits, plus soignés, plus compacts; John Ferguson, par exemple, tel que je le vois ici, n'a pas du tout l'air d'un gars de cinq pieds, onze pouces et de cent quatre-vingt-dix livres; il est bien tranquille, et tiré à quatre épingles.

"Ca fait trois ou quatre ans que nous venons ici, me dit Jean; autrefois, c'était au Piccadilly, près de l'ancien Gardens. C'est bien commode: vous allez rencontrer tout le monde, ici; pas seulement des joueurs, mais aussi Claude, Sam et bien des partisans." Il avait raison: l'hôtel fourmillait d'accents et de figures familières: c'était Toe Blake, en conversation avec une demi-douzaine de rédacteurs sportifs de Montréal, puis, près d'une des tables, au fond du vestibule, Claude Ruel, qui faisait les cent pas en gesticulant. Nerveux, se nouant et se dénouant les mains, il semblait incapable de se détendre. On peut difficilement se torturer plus que Claude l'a fait, durant les éliminatoires.

"Il devient très nerveux, dit Jean, mais c'est un vrai bon instructeur, qui nous donne un esprit de corps; on fait tout son possible pour l'aider."

Claude n'a pas cessé, toute la saison et même après, de dire combien les joueurs lui donnaient satisfaction, et Jean, en particulier: "Il a tant fait pour moi que je n'aurais pas pu me passer de lui."

Je me suis alors demandé comment un Béliveau aimait jouer

Contre Saint-Louis et deux anciens camarades, Doug Harvey et Jacques Plante.

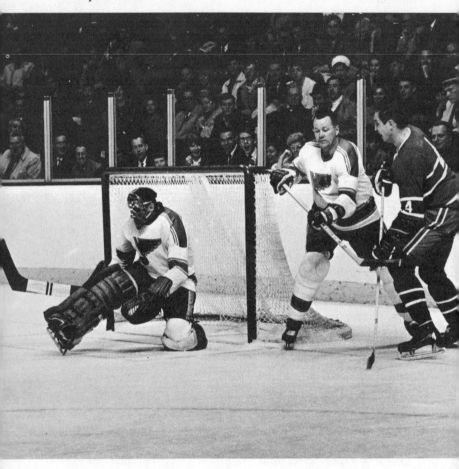

Jean déjoue Gump Worsley et compte un but. Rencontre New-York Rangers — Canadiens, dans les années cinquante.

pour un instructeur de sept ans son cadet, et qui n'avait jamais été une étoile du hockey. "Il fait ce qu'il a à faire, me dit Jean; il sait mener un exercice, et il est très habile à diriger et à changer les formations d'attaque. Surveillez-le bien." La série contre les Bruins a suffi à me convaincre. "Si Claude se trompe, il s'en rend très vite compte. Pour ma part, jouer pour lui ou pour un autre, c'est du pareil au même: il fait son travail derrière le banc, tandis que je fais le mien sur la glace."

"Sans lui, répète Claude, je n'y serais jamais arrivé."

On sait que Toe Blake avait démissionné, l'année précédente, parce qu'il ne pouvait plus endurer la tension inhérente à ses fonctions. Depuis trois ou quatre ans qu'il y songeait, il lui devenait de plus en plus difficile de se décider. Il annonça finalement son départ dans une scène dramatique, en mai 1968, au moment où son équipe venait de remporter la Coupe Stanley; il ne mangeait plus, il ne dormait pas bien: il était temps de partir.

Cette année, c'était au tour de Claude de subir la tension, tandis que Blake avait l'air rajeuni, calme, détendu... relativement détendu. Il ne sera jamais, je crois, un modèle de détente, mais au moins, il n'avait pas l'air d'être à la veille d'une attaque. Si vous voulez courir le risque d'en avoir une, pilotez une équipe de hockey majeur en éliminatoires. On sait que Jack Adams, le gérant-général des Red Wings, a dû, vers la fin de sa carrière, éviter d'assister aux parties des siens: ordre des médecins, qui craignaient une crise cardiaque.

Il était intéressant de comparer, en cette fin de semaine, Claude à Toe. Vendredi soir, j'observais leurs mouvements, dans le vestibule de l'hôtel; même au sein d'un groupe, Claude était seul, et si deux ou trois joueurs ou quelques journalistes venaient lui parler, il semblait ne rien entendre. L'atmosphère était chargée d'intimité, et pas seulement entre les joueurs, mais aussi entre eux et les rédacteurs, les commentateurs, les directeurs et même un bon nombre de ces sportifs qui suivent l'équipe à New-York, à Boston, à Détroit et aux autres villes de la division ouest, mais il se trouve à Los Angeles une colonie d'expatriés canadiens assez forte pour former un petit noyau, aux parties des Kings. Les Canadiens sont entourés d'amis partout; bien sûr, dans une ville comme New-York, ceux-ci se noient facilement dans la foule, mais il se trouve toujours quelqu'un pour les reconnaître. "Vous auriez dû voir ça à la messe de Pâques, me dit Jean; à notre sortie de St-Patrick's, on ne nous a pas manqués; c'étaient des Montréalais venus passer le week-end; on n'avait jamais entendu tant de français à New-York.

—Mais, règle générale, on ne s'occupe pas trop de vous?

—Je ne dirais pas cela: il y a une foule de petits garçons qui

Red Kelly et Tim Horton du Toronto mettent Jean en échec.

savent où nous logeons, et qui, tôt ou tard, trouvent le chemin de l'hôtel pour venir demander des bâtons et des autographes.

Trente-troisième rue, entre la Septième et la Huitième, il y a toujours un bon nombre de partisans, à l'heure des parties; ils sont habituellement calmes, surtout quand les leurs gagnent, mais ils peuvent s'échauffer, parfois."

Aux abords du Garden, la famille du hockey est facile à identifier: on entre chez Cosby, on en sort, on fait la queue pour obtenir ses billets; inutile de dire que le hockey fait toujours salle comble: les Newyorkais connaissent leur hockey. Il doit faire bon jouer dans une telle ville. "Quelle impression cela faisait-il à Plante, Harvey et Geoffrion, de passer à New-York, après avoir passé leur vie à Montréal? " demandai-je à Jean.

—Ca dépend du joueur. Je pense que Bernard y est installé en permanence. Quant à Jacques, c'est, de toute façon, une figure internationale, à qui l'on fait toujours beaucoup de publicité, et je pense qu'aller à New-York, puis à Saint-Louis, ça ne le dérangeait pas du tout. Doug Harvey, lui, a fait le tour: Baltimore, Kansas City, puis Saint-Louis. Ca dépend."

—On me dit que Claude Provost a déjà refusé de déménager, parce que sa femme ne parle pas anglais. C'est bien vrai?

—Bien sûr, dit-il, la langue pose un problème, sans aucun doute. Pour ma part, quand j'ai commencé à voyager à Montréal, tout ce que je savais dire, en anglais, c'était 'oui' et 'non'. Je n'aurais jamais voulu jouer en dehors du Québec. Le hockey, au Québec, a quelque chose de spécial auquel tout le monde tient. Le résultat, voyez-vous, c'est que nous formons un *club*, et non pas un simple groupe de personnes rassemblées par hasard. Je ne sais par comment ça se passe dans les autres sports professionnels, mais chez les Canadiens, on fait beaucoup de choses ensemble. Prenez, par exemple, le matin de Pâques: nous étions plusieurs, ensemble, à St-Patrick's. Apres une partie à l'extérieur, j'ai souvent vu dix ou douze d'entre nous, et même tout l'équipe, aller ensemble prendre une bouchée ou ressasser la partie. Je ne sache pas que cela arrive souvent dans les autres équipes, mais chez nous, il en a toujours été ainsi. Quand nous prenons un taxi, par exemple, pour nous rendre de l'hôtel au Garden ou au Spectrum de Philadelphie, je m'occupe d'une voiture, un autre des plus vieux, Henri ou Dick, s'occupe d'une autre, et nous voyageons quatre à quatre, sans former de cliques; je peux amener un autre avant, un des arrières, un des jeunes, à l'aller et au retour. Nous nous occupons les uns des autres, puis, une ou deux fois par voyage, le club rembourse les frais de voiture; c'est plus personnel que de laisser ces tâches à un secrétaire itinérant, et nous préférons cela.

—Qui est ton compagnon de chambre, dans le moment?

—C'a été Gilles Tremblay, pendant un bout de temps; maintenant, c'est Yvan; à propos, il a l'une des plus fortes paires de jambes que vous ayez jamais vues. Il vous a, sur le devant de la cuisse et du haut de la jambe, un de ces muscles, qui lui descend sur le genou, et c'est si épais, que ça semble *faire un repli* sur le genou. On n'a jamais vu ça. Ca l'oblige à faire tailler ses pantalons sur mesure. Des vraies jambes de hockey, quoi!

C'est un bon copain; nous repassons nos jeux. C'est un bûcheur, vous savez: c'est à peu près le plus rapide patineur de la ligue, et pourtant, il cherche encore à s'améliorer. Je vous avais conté que Jo-Jo Graboski, chez les Citadelles, m'avait donné un conseil au sujet de mon coup de patin, et que j'avais toujours travaillé à me perfectionner; eh bien, Yvan fait la même chose."

Malgré le manque d'espace, beaucoup de joueurs se tiennent dans le vestibule, au Roosevelt, tout comme les joueurs étrangers le font au Mont-Royal, à Montréal. Gump Worsley est bien connu pour le faire; Ruel aussi, quand il veut lâcher un peu de vapeur, je suppose; mais pas Béliveau.

"J'y vais parfois, mais je finis par m'ennuyer. Pendant des années, comme nous faisions toujours les cinq même villes: Détroit, Toronto, Boston, New-York et Chicago, nous en étions arrivés à connaître à fond les hôtels et les restaurants. Avec l'entrée des nouvelles équipes, les choses ont changé: à Oakland, à Los Angeles, à Philadelphie ou dans tout autre nouvelle ville, il y a toujours beaucoup à voir; c'est pour cela que j'aime y faire une marche, au lieu de rester assis dans le vestibule. J'aime beaucoup lire, aussi. J'aimais bien le train, mais maintenant, nous voyageons par avion, bien entendu, bien que nous ayons été l'une des dernières équipes à nous décider à le faire. Nous prenons encore le train pour revenir de Toronto. Le wagon-lit, ça vous donne le temps de respirer, de causer un peu. J'ai toujours aimé prendre le train: ça nous permettait de nous tenir ensemble; on jouait aux coeurs ou au bridge, on jasait avec un rédacteur, on s'amusait. A bord de l'avion, c'est autre chose: les hôtesses ne voient pas cela d'un bon oeil.

Je ne me suis jamais fatigué de faire partie du club des Canadiens, ni de toujours voir les mêmes figures; vous savez, il y a toujours quelque chose à discuter, après une partie, que ce soit une tactique qui a fait long feu ou une autre qui a réussi à merveille. Non, je pense que je ne m'en lasserai jamais. Et puis, ça change, d'une année à l'autre; mais pas vite, parce que les Canadiens n'ont jamais été l'équipe des chambardements, et c'est beaucoup mieux ainsi. Le début de la saison nous amène habituellement un ou deux

Première joute d'étoiles entredivisions janvier 1968. De gauche à droite, rangée du haut: Ted Green, Rod Gilbert, Phil Esposito, Ted Harris, J.-C. Tremblay, les entraîneurs Larry Aubut et Eddie Palchak. Rangée du centre: Tim Horton, Bobby Orr, Norm Ullman, Bob Nevin, Dennis Hull, Robert Rousseau et Pat Stapleton. Rangée du bas, de g. à dr.: Gerry Cheevers, Frank Mahovlich, Bobby Hull, Jean Béliveau, Toe Blake, Gordie Howe, Stan Mikita et Eddie Giacomin.

nouveaux joueurs, mais il en arrive rarement d'autres par la suite, sauf si quelqu'un se blesse; tenez, par exemple, cette année, chez nos gardiens: deux blessures, à la mi-saison. Gump, lui, l'avion le dérangeait. Alors, Tony Esposito est venu jouer dix ou onze parties, mais ce n'était pas un étranger: il était venu au camp d'entraînement, sans compter que c'était le frère de Phil; je ne veux pas dire que Phil l'a ménagé, mais ce n'était pas un parfait étranger, dans la ligue.

Prenez encore Jacques Lemaire: il s'est taillé lui-même une place, dans la saison 1967-68. Il avait passé une saison à Houston, après avoir joué pour Claude Ruel chez les Canadiens Juniors. Il était déjà connu de Sam Pollock à seize ans, et on le voyait souvent au Forum, du temps où il était junior. Tout le monde savait qu'il avait un lancer foudroyant. Vous voyez: ce n'était pas un étranger, lui non plus. Les changements, chez les Canadiens, ne se font jamais vite; on les remarque à peine. Je ne sais pas, ça vous donne l'impression que l'équipe va longtemps rester telle quelle. Il y a de la continuité, chez nous. Il est rare qu'un échange nous amène un joueur régulier venu d'une autre équipe de la L.N.H. Les seuls qui me reviennent à la mémoire, ce sont Dick Duff, échangé contre Billy Hicke, des Rangers, après avoir joué pour Toronto, et puis Gump. Je pense que c'est tout.

Il est rare qu'un joueur francophone nous arrive à la suite d'un échange. S'il est assez bon pour le hockey majeur, les Canadiens se le réservent probablement avant qu'il fasse le saut.

Jean-Guy Gendron a été une exception. Il avait été échangé au Boston contre André Pronovost. C'est l'un des rares cas qui me reviennent à l'esprit. Nous l'avons perdu, lors des négociations de l'année suivante. D'aileurs, il se débrouille encore très bien, à Philadelphie. Il y a eu, aussi, Marcel Bonin; c'est le seul autre cas dont je me souvienne."

Jean m'assure qu'au sein de l'équipe, les relations entre joueurs francophones et anglophones sont on ne peut plus amicales. "Chez les juniors, je parlais à peine quelques mots d'anglais, et maintenant, je me débrouille.

Jean parle un très bon anglais; après tout, ce n'est pas sa langue maternelle. "Je t'ai déjà parlé de Mickey Redmond: il fait de rapides progrès en français, au contact de Jacques et de Roggy." Il ne se souvient pas qu'aucun joueur anglophone ait eu de la difficulté à s'adapter à l'équipe.

Pas un seul. Une chose remarquable, chez les Canadiens, c'est qu'il y a toujours eu des joueurs anglophones, aux postes clé: Bill Durnan, Gerry McNeil, Doug Harvey, Tom Johnson, Bert Olmstead, Dickie Moore, Kenny Reardon, Floyd Curry, Kenny

Mosdell, Ralph Backstrom, Don Marshall, Billy Hicke, et, plus près de nous, Duff, Worsley, Harper, Harris, Redmond et John Ferguson. Ce dernier est probablement le plus populaire de l'équipe pour l'instant, et pas seulement auprès des Montréalais de langue anglaise, mais auprès de tout le monde. John est très populaire; il compte quand c'est le temps, il garde tout le monde sur les dents, lui et l'équipe s'entendent comme les cinq doigts de la main. On peut dire que les Canadiens ont toujours été une équipe bilingue. Nous avons eu des instructeurs de langue française comme de langue anglaise; cela n'a jamais posé de problèmes ... "

On entend souvent des gens affirmer cyniquement que le hockey professionnel est une entreprise comme les autres, où il s'agit avant tout de faire de l'argent. Peut-être, mais cela reste à prouver. Pour en discuter avec impartialité il faut d'abord connaître à fond le hockey et les autres sports professionnels. Bien sûr, c'est une enterprise commerciale, un spectacle, un "produit" commercialisé, mais à ne le voir que sous cet aspect, on ferme les yeux sur le sentiment d'attachement qu'il suscite partout, et surtout au Québec. Au Canada et particulièrement au Québec, le hockey est plus qu'un sport, c'est une institution avec ses traditions, ses camps d'admirateurs forcenés et, si les Québecois lui portent tant d'affection, ce n'est pas seulement parce qu'il a permis à maint petit gars sans trop d'instruction de se tailler une carrière; il fait partie des coutumes de la province, de ses loisirs, de sa culture physique, de sa légende; enfin, ce n'est pas une simple "affaire": c'est un *sport*.

Jean me parlait un jour de l'effet que ça lui faisait de jouer aux côtés de Dickie Moore, avec qui il avait eu maille à partir chez les juniors:

"Dickie ... me dit-il en riant, c'est un vrai bon diable, tu sais. Bien sûr, on jouait dur et on s'accrochait, parfois, peut-être parce qu'on se retrouvait souvent autour des filets; il n'y a pas de doute: Dickie était fougueux, dans ses jeunes années." Sa figure s'assombrit, à la pensée que ces jours-là étaient déjà trop loin. "C'est un Irlandais, tu sais! Même chez les Canadiens c'était un dur, dans les coins; mais de tout le temps qu'on a été ensemble, il n'y a jamais eu une ombre entre nous. Quand on joue dans la même équipe, on oublie tout cela: c'est le club qui passe en premier."

L'équipe s'appelle "*Le Club de Hockey Canadien, Inc.*" La Ligue de Hockey Nationale fut fondée en 1917-18, il y a plus d'un demi-siècle, mais les Canadiens existaient déjà, passant du statut amateur à celui, plutôt ambigu, de demi-professionnel, au moment de la naissance du professionnalisme, pour devenir finalement la société commerciale que l'on retrouve dans le sport moderne. Cela

Première joute d'étoiles entredivisions janvier 1968, avec Gordie Howe et Bobby Hull.

remonte à soixante ans: par rapport à l'histoire de Babylone, de la Grèce et de Rome, c'est bien peu, mais dans la vie nord-américaine, c'est beaucoup. Le baseball remonte plus loin, tandis que le football professionnel est un peu plus jeune. On se rappellera que tous ces clubs furent, à l'origine, des groupes d'amis à la recherche de distraction et de culture physique, recherche qui retrace ses origines dans l'histoire ancienne. Amateur ou professionnel, le sport n'a rien de banal et la place qu'il occupe dans notre société et notre culture est hautement méritée. La preuve qu'il fait partie intégrante de notre culture, c'est que rares sont les races ou les nations qui ne le pratiquent pas.

Telle société aura la gymnastique au centre de ses sports, tandis que telle autre aura la chasse et la pêche, ou encore, des jeux où l'on lance, l'on frappe ou l'on se dispute une balle ou un ballon. Cela pourrait être un sport de participation, comme la course à pied ou la lutte, ou encore, un sport à spectateurs, où l'on regarde jouer des experts. Le sport a, en fait, autant de facettes que la nature humaine: on le pratique individuellement, à deux ou en petites équipes et cela, seuls ou devant des spectateurs. Ceux-ci, à leur tour, y assistant gratuitement ou non. En somme, les variantes du sport se multiplient à l'infini, et si certains détails peuvent sembler insignifiants, d'autres, en revanche, revêtent une importance cruciale, comme pour les combats de taureaux, le baseball ou le hockey.

Je demandais un jour à Jean s'il était surpris de voir Scotty Bowman engager Jean-Guy Talbot, celui-là même qui avait mis fin à sa carrière de joueur.

"Pas du tout", dit-il; puis il eut un mot révélateur: "Tu sais, dans le feu de l'action, on se prend à faire des choses qu'on ne ferait jamais dans des circonstances ordinaires."

Il ne m'en a pas dit plus long, mais je crois avoir compris. La situation, sur la glace, est *abstraite*, en ce sens que dans le feu du jeu, alors qu'on ne pense qu'à gagner, certaines règles se voient momentanément suspendues: ce n'est plus la vie, c'est une espèce de code de vie qui vous mène. John Ferguson est, dans la vie, le plus gentil des garçons, tout comme l'était 'Red' Horner, l'étoile du Toronto dans les années 1930; il en est ainsi pour tous les sports de contact: ce contact, cette agression physique que l'on contient dans les limites de l'arène, de la patinoire, du ring ou du terrain de football, c'est toute l'essence du sport, c'en est tout le *sens*.

Tenez, si le hockey n'existait pas et que quelqu'un disait à son psychiatre qu'il a rêvé d'un sport où des hommes portaient couteaux aux pieds et bâton à la main, sur la GLACE, que répon-

Rencontre New-York Rangers — Canadiens; Gump Worsley au
filet, Bill Gadsby (4) et Andy Bathgate, dans les années cinquante.

drait ce dernier? Je ne saurais dire, mais il me semble que le hockey comporte une part d'imitation rituelle de l'effusion de sang, une imitation où l'effusion est parfois réelle. Mais comme aux combats de taureaux, elle n'est qu'accessoire. Je ne crois pas que beaucoup de gens aillent aux combats de taureaux pour voir tuer des animaux, pas plus qu'aux matches de boxe pour voir des hommes se blesser. Les lames aux pieds des joueurs, le bâton qu'ils tiennent, leur armure, leur tir contre les buts et leurs mises en échec sont des images de guerre, mais elles ne sont pas la guerre.

Si l'on peut dire que les contes de l'Iliade ou de la légende du Roi Arthur et de ses chevaliers ressemblent au hockey, en ce sens que ce sont aussi des images de la guerre, sans être la guerre elle-même, et si l'on reconnaît, d'autre part, que la famille du hockey fait partie d'une autre famille combien plus grande, on remonte assez loin pour voir en Jean Béliveau un héros de lignée royale.

4

Sous la grande horloge

Supposons que les Canadiens jouent au Forum contre Toronto un jeudi soir: pas d'exercice pour les Canadiens, ce matin-là, mais une réunion à onze heures. Vers dix heures et demie, on commence à arriver; la réunion se tient dans le vestiaire, sous l'écriteau où l'on peut lire, en français et en anglais, quelques vers du fameux poème "In Flanders Fields", l'un des poèmes canadiens anglais les plus connus, sinon les meilleurs: ". . . ce flambeau que vous passent nos mains défaillantes, portez-le bien haut."

Beaucoup plus rapide et faisant plus appel à l'improvisation que le football et le baseball, le hockey compte plus sur les réflexes, sur l'instinct et sur la personnalité que ces deux autres sports. Au hockey, on ne peut dresser un plan, comme dans un sport où les arrêts fréquents du jeu le permettent facilement. Voilà pourquoi les réunions d'équipe, le jour d'une partie, dépassent rarement vingt minutes.

C'est là une des raisons pour lesquelles le hockey est demeuré un jeu, au lieu de recourir à des instructeurs surspécialisés.

Un seul instructeur suffit: ainsi le joueur ne risque pas de voir gâter le style personnel qu'il cultive depuis l'âge de six et même cinq ans. Le gardien de but, au hockey, est in individualiste dont aucun instructeur de football n'endurerait les excentricités; un

Béliveau avec Tim Horton, Pat Quinn (23) et Bruce Gamble, du Toronto.

Jacques Plante, dont le style a grandement influencé l'art de garder les buts, serait exclu de bien des sports professionnels, et un Jean Béliveau, *le* joueur de centre par excellence, n'aurait pas toute son influence s'il n'avait pu jouer à sa guise. Ses instructeurs ont rarement essayé de modifier son style, qui est chez lui un don du ciel. D'accord, aucun autre joueur n'est doué d'un tel degré de style personnel, et l'instructeur qui a le bonheur de le piloter serait fou d'essayer d'y changer quelque chose, mais on peut en dire autant de presque tous les autres joueurs des lignes majeures. C'est un jeu qui a très peu de règles immuables.

Il y a trois choses fondamentales: le coup de patin, le lancer et la mise en échec.

"C'est là-dessus, me dit Jean, que l'instructeur peut vous aider. Je me souviens qu'à son arrivée chez nous, vers la fin de la saison, il y a six ans, Terry Harper n'était ni un patineur, ni un lanceur extraordinaire; mais il travaillait, Dieu! ce qu'il travaillait, heure après heure, surtout son patinage à reculons. Il s'est énormément amélioré. Fergy aussi: il a amélioré son coup de patin à tel point, qu'il peut maintenant échapper à son opposant. L'instructeur peut vous indiquer vos points faibles, mais ils reviennent à peu près toujours au même. Au lieu de longues réunions, c'est de l'exercice qu'il nous faut, et dans les mêmes conditions qu'au jeu.

Claude trace parfois des diagrammes, mais un diagramme, ce n'est jamais la réalité. Toe, lui, le faisait plus souvent. On repasse certains jeux, mais il n'y a pas de plan d'ensemble. On parle de ce qui vient de se passer, à Toronto, par exemple. Peut-être que Ron Ellis a compté grâce à un lancer fait d'une distance de quarante pieds, le long de la rampe; Claude demandera alors à son opposant de le suivre de plus près. Ou bien il nous fera remarquer qu'on s'est nui devant les filets. Mais, règle générale, on parle surtout de la dernière partie. Vous savez, au baseball, il arrive souvent que deux équipes se rencontrent trois ou quatre fois de suite; au hockey, on ne se rencontre jamais plus de deux fois de suite; c'est pour ça qu'on s'est habitués à ne pas parler d'une équipe en particulier. Peut-être que cela modifie un peu notre stratégie.

C'est surtout l'instructeur qui parle; il est rare qu'un joueur fasse une observation, probablement parce que la rapidité du jeu nous empêche de remarquer les petits détails. Le joueur de football peut toujours profiter d'un caucus pour faire une remarque à propos d'un joueur, mais on n'a pas cette chance au hockey. Au baseball, il se fait plus de stratégie à l'intérieur d'une partie qu'au football. Chaque sport a ses particularités. Nous, on profite de la réunion pour se préparer mentalement, et pendant qu'on y est, on peut faire des tas de petites choses. Il y a bien des gars qui pré-

*Hélène Béliveau se costume en ouvreuse pour surprendre son père,
au Forum de Montréal décembre 1968.*

parent leur bâton; pas moi, capendant. Ils taillent la lame à leur goût, à l'aide d'un canif ou, plus souvent, d'un rabot. Chacun ses goûts; pour ma part, je suis satisfait des bâtons tels qu'ils sortent pour moi des ateliers du fabricant. J'utilise un bâton à la lame un peu recourbée au bout, mais pas plus, parce que je me sers beaucoup de mon revers."

Jean est passé maître dans l'art de virevolter devant le filet pour lancer du revers, se débarrassant du même coup du joueur de défense qui essaie de le déloger. Ca lui a réussi mainte et mainte fois et, si d'autres l'ont imité, personne ne l'a égalé à cette tactique qui porte son cachet. Cela demande, en plus du poids, un excellent coup de patin; on pourrait difficilement y arriver avec une lame recourbée.

"L'un des rares à pouvoir jouer du revers avec une lame fortement recourbée, c'est Stan Mikita; moi, je n'aime pas ça, mais tu devrais voir les gars, dans le vestiaire, jouer du rabot et du ruban gommé: je suppose que pour eux autres, ça fait une différence. Plusieurs emploient du ruban blanc, pour mieux voir la rondelle; moi, j'emploie encore du noir; la rondelle, tu sais, on la *sent*, et ce n'est pas le ruban qui va y changer grand-chose. D'ailleurs, trop de ruban nuit. Il y a d'autres choses qu'on peut faire, aux réunions: ajuster un coussin spécial sur un endroit sensible, par exemple, comme je l'ai fait aux éliminatoires, un coussin qui te moule et que tu attaches par-dessus tes sous-vêtements. Je portais le mien à deux endroits différents: dès qu'un endroit allait mieux, je passais à l'autre. Ce sont des choses dont on peut se débarrasser aux réunions, au lieu d'attendre à la dernière minute. A la fin de la réunion, vers onze heures vingt, onze heures trente, le club distribue les billets de faveur; on en reçoit deux chacun, et s'il nous en faut plus, on les paie, en plus de payer la taxe sur les deux gratuits. Les premiers temps, les miens étaient dans les rangées bleues, mais maintenant, ils sont tout à fait en bas. Les sièges accordés aux joueurs sont éqarpillés; il n'y a pas de cliques: tu ne verras jamais nos femmes ni nos amis tous ensemble. C'est parfois ma fille Hélène qui utilise mes billets, accompagnée d'une camarade de classe. Une autre fois, ce sera des amis de Québec; je ne suis pas en peine.

Après la réunion, parfois, un représentant d'un fabricant vient discuter bâtons ou patins. Il y a aussi les journalistes. De onze heures et demie à midi, je rencontre habituellement ceux de Montréal et le jour d'une rencontre avec les Leafs, ceux de Toronto. Autre chose: il vient beaucoup de rédacteurs de journaux scolaires; tu sais, des gars ou des filles qui veulent t'interviewer pour le compte du journal de l'école ou du collège; j'en reçois autant que je peux: un ou deux par semaine."

Jaser avec Jean, c'est facile; je ne l'ai jamais vu refuser un auto-graphe, ni éviter une rencontre dans la rue, et c'est ce qui rend ses journées si bien remplies: un admirateur, un reporter, un repré-sentant.

"Au sortir de la réunion, me dit-il, on rencontre des amis, dans l'antichambre: d'anciens compagnons de jeu, des gens de Victoria-ville. On va prendre un café ensemble au coin, on cause de la prochaine partie, des amis communs. Je tâche de quitter le Forum à midi au plus tard."

Il peut se rendre chez lui, à Longueuil, en moins d'une demi-heure, par le métro, mais il préfère s'y rendre en voiture.

"Il m'arrive de prendre le métro, mais jamais avant une partie à la suite de laquelle on part jouer à l'extérieur, parce qu'il faut porter une mallette. Je prends parfois le métro à la veille d'une journée libre, mais la plupart du temps, je prends ma voiture, parce qu'on nous réserve une place dans le parc souterrain de la Plaza Alexis Nihon; de là, je peux me rendre chez moi aussi vite qu'en métro.

La petite marche d'une dizaine de minutes, de chez moi au métro, me fait du bien, mais en revanche, c'est si facile, de station-ner tout près du Forum. Je tâche de me rendre chez moi vers midi trente et de garder mon après-midi libre. Sans rester à ne rien faire, je travaille lentement, à mon propre rythme, l'esprit dégagé; je me prends à songer à la partie, inconsciemment; c'est comme si je ne faisais rien de particulier . . ."

La maison qu'il habite, à Longueuil, ressemble à toutes les maisons de banlieue: propre, coquette et bien entretenue, elle conserve un anonymat voulu.

"Nos voisins nous traitent comme tout le monde; ce sont plutôt des garçonnets qui viennent sonner à notre porte; il en vient, à bicyclette, d'assez loin. Ils réussissent, je ne sais comment, à trou-ver mon adresse; j'avais coutume de leur donner ma photo, mais on en est venu à un point où je n'avais jamais le temps de m'as-seoir, et j'ai décidé qu'il fallait faire quelque chose, mais . . . quoi? Tenez, il y a une quinzaine, il est venu tout un club de cyclistes de Boucherville; après avoir rôdé une partie de l'avant-midi, ils ont fini par me trouver. En tout cas, ils ont sonné, et je leur ai signé à chacun une photo. Non, je ne pouvais pas les renvoyer.

De retour chez moi, je fais un peu de correspondance; j'en fais parfois un peu à la Molson, quand il y en a plus que de coutume, mais je préfère la faire chez moi, et moi-même. C'est surprenant, ce qu'on peut recevoir: même des demandes en mariage, mais elles ont diminué, depuis une couple d'années; je me demande bien

Contre Ted Green et Bobby Orr du Boston

pourquoi. Je ne me sers pas d'une machine à écrire; j'écris à la main. Pour un enfant, ce sera un petit mot au dos d'une photo. Ma correspondance, *j'y tiens*. J'aime cela, d'autant plus que ça me distrait, avant une partie. Il m'arrive aussi de lire un peu. Ensuite, c'est l'heure du gros repas."

Le bifteck de deux heures est une des traditions du hockey. On dit qu'il est imprudent de manger plus tard que cela.

"Si tu arrives au jeu la digestion inachevée, me dit Jean, tu auras vite envie de rendre ton repas. Tu sais, presque tous les joueurs sont tendus, avant la partie; les bons joueurs le sont même *tous*. On a le trac; c'est comme si l'on avait des papillons dans l'estomac, et si la digestion n'est pas terminée, ça va de mal en pis, à mesure que la partie approche. J'ai le trac jusqu'au moment de sauter sur la glace; et je te dirai que sans cela, je ne jouerais pas bien. C'est ça qui vous donne l'élan nécessaire, et les joueurs qui ne l'ont pas ne réussissent pas. On ne se sent pas agressif: on a tout simplement de meilleurs réflexes; c'est ça qui nous fait marcher."

Il réfléchit un moment. "Je ne saurais dire ce qui fait qu'on joue mieux un soir qu'un autre. Il m'est arrivé de ne pas être dans mon assiette, avant une partie, puis de jouer ma meilleure partie de la saison. Par contre, il est des moments où je me sens en grande forme et où je ne fais rien qui vaille. Je ne saurais dire d'où cela vient, mais je sais que je joue mieux quand j'ai un peu faim. Je mange du bifteck: habituellement un faux-filet de douze onces avec, parfois, une pomme de terre au four; c'est tout.

Après seize ans de mariage, Elise connaît très bien mes habitudes. Le jour d'une partie, elle me laisse à moi-même: elle sait bien ce qui se passe dans ma tête. J'essaie de me garder l'esprit libre; si l'on va jouer contre les Leafs, je ne pense pas trop à eux. Ce qui va se passer le soir, j'essaie de ne pas y penser, car ça m'empêche de me concentrer. Il y a des gars qui préparent leur stratégie; avec moi, ça ne marche pas. Je ne pense pas à la partie, je m'y prépare inconsciemment; ce qui compte, c'est la concentration. Je mange lentement, puis je me rase, avec un rasoir de sûreté. Je mets une bonne vingtaine de minutes à me raser et à me laver la figure et les mains. Là aussi, il s'agit de ne pas se presser. J'avais l'habitude de me raser au Forum, après l'exercice, mais plus maintenant. Une fois cela terminé, je commence à sentir que la partie approche; elle est toujours là qui te trotte dans la tête, et avec les minutes, ça grossit à vue d'oeil.

Il s'agit plutôt de ne pas penser à quelque chose que d'y penser. Ce n'est pas la peur de mal jouer, de me blesser ou d'essuyer une défaite écrasante; c'est une tension à laquelle personne n'échappe. Il paraît que Glenn Hall, l'homme de fer, a encore le trac, avant une partie. Et pourtant, c'est un gars qui a déjà joué à peu près cinq cents parties d'affilée dans la L.N.H. Après en avoir joué huit ou neuf cents dans la ligue, on croirait qu'il se serait habitué, mais c'est impossible: on ne s'y habitue pas, parce que chaque partie apporte quelque chose de nouveau; c'est que, contrairement au baseball, au football ou au golf, le hockey est si rapide, si mouvementé ... "

De tous les sports professionnels, c'est le hockey que les preneurs aux livres redoutent le plus. Au tennis, par exemple, ce sont presque toujours les têtes de liste qui gagnent, et pour les chevaux, bien des parieurs vous diront que c'est pas mal la même chose. Mais pas au hockey. Il arrive souvent qu'une équipe de qualité inférieure ait raison d'une équipe beaucoup plus forte. S'il fallait que le hockey s'en rapporte aux statistiques, les Canadiens gagneraient toujours, sauf contre les Bruins, qu'ils battraient quand même plus souvent qu'autrement. Combien de fois n'a-t-on pas vu l'équipe de Montréal se faire tenir en échec pendant une ou deux périodes, et même pendant toute une partie, par une équipe de l'ouest qui, sur papier, ne lui arrive pas à la cheville. Parfois, ce sera le gardien, un gars comme Bernard Parent, Gerry Desjardins ou Gary Smith, qui jouera une partie parfaite. Même une bonne équipe peut connaître une de ces affreuses soirées où la passe n'arrive jamais sur le bâton, où un petit éclat de glace fait dévier la rondelle et où il se compte trois buts pendant qu'un des piliers de la défensive est au jeu.

Il fronça les sourcils: "Ca fait un sacré effet, d'être sur la glace au moment où l'on compte contre vous. On tient maintenant compte des buts comptés, pendant votre présence sur la glace, contre votre équipe et par elle. On s'accorde à dire que ce sont des statistiques de toute première importance. J'essaie de ne pas m'en inquiéter, mais je pense que je m'inquiète sans m'en rendre compte.

Une fois rasé, vers trois heures et quart, je vais m'étendre à peu près une heure. Je n'aime pas dormir dur. Il m'est arrivé de dormir deux heures, puis d'avoir à partir tout de suite, mais je trouve que ça me ralentit. Je ne réussis pas à me réveiller tout à fait, chose impensable au hockey. Non, j'aime dormir légèrement, d'une espèce de demi-sommeil, en regardant dehors ou au plafond; ça semble deux minutes, et pourtant ça dure une heure, et tout à coup, il est temps de se lever, et la partie s'est encore rapprochée d'une heure; on se demande si ça en vaut la peine; moi, je pense que oui, pourvu que je ne passe pas tout droit.

Ensuite, je m'amuse avec ma fille; on regarde une émission pour enfants à la télévision; moins souvent, maintenant qu'elle est grande. Je suis si souvent parti et si occupé, que j'aime garder à ma

Béliveau compte un but contre Cesare Maniago du Minnesota.

famille ce moment de la journée."

Jean est très occupé; ses rendez-vous sont toujours serrés. On se demande comment il peut se débarrasser de toute distraction et consacrer du temps à sa famille. "Ca devient de plus en plus difficile, mais il faut absolument que j'y arrive. Il y a moyen. Cette heure-là, dans l'après-midi, c'est l'heure de la famille. J'avais l'habitude de regarder Bobino avec ma fille, mais elle a douze ans maintenant. Je veux la voir grandir. Il faut que je me garde du temps libre, un point, c'est tout.

Cinq heures; c'est le temps de s'habiller. Quand on rencontre les Leafs, le jeudi soir, je n'ai pas besoin de faire mes bagages, vu que je rentre chez moi après. L'été, pour aller à Montréal pour affaires, je prends parfois le Métro, mais en automne et en hiver, c'est pas mal venteux sur la rive sud. Un peu passé six heures, je prends la voiture pour me rendre au parc Alexis Nihon, puis traverser au Forum. C'est drôle: on penserait que la circulation serait difficile, à cette heure-là, mais elle ne commence à l'être qu'une demi-heure plus tard. L'exercice commence à sept heures et demie, mais j'arrive à six heures et demie précises.

C'est que j'aime m'habiller lentement. Pressés, on pourrait probablement le faire en dix minutes; d'ailleurs, c'est déjà arrivé, par suite de retards dans un voyage. Je pense que d'avoir le temps, ça vous donne l'avantage de voir à un tas de petites choses: les patins, l'équipement. A six heures trente, il y a un peu de monde, autour du Forum, mais jamais autant qu'à huit heures moins dix. Au hockey, la foule n'arrive jamais longtemps avant la partie: ce n'est pas comme au baseball, où l'on peut arriver une heure avant le temps, pour suivre l'exercice du champ-avant. Souvent, le Forum n'est qu'à moitié rempli, au moment de l'exercice; c'est au dernier quart d'heure qu'ils arrivent en trombe.

Il y a une porte, boulevard de Maisonneuve, près d'Atwater, une espèce d'entrée de service. C'est par là qu'on passe. Il n'y a rien de particulier, de ce côté-là; c'est curieux de voir ce vide, quand on sait que dans une heure et demie, il y aura là un monde fou."

Le hockey est un jeu dangereux, même les soirs tranquilles où l'on ne semble pas jouer dur. Vu de tout près, le contact n'est pas du tout le même que de la vingtième rangée, et encore moins de la dernière rangée de la terrasse. Une partie tranquille, ça n'existe pas; même aux soirs les plus calmes, les joueurs qui s'écrasent contre la rampe font un bruit d'enfer. Le joueur n'oublie jamais qu'il peut se blesser à tout instant. Et pourtant, les blessures fatales ou même graves y sont relativement rares, mais elles peuvent survenir au moment où on s'y attend le moins. Par exemple, un joueur de défense va se jeter à genoux devant le porteur de la rondelle: il faut qu'il le fasse exactement à la bonne distance, s'il ne veut pas se faire défigurer.

Bob Goldham était passé maître là-dedans, me dit Jean: il arrivait toujours au bout de votre lame; Jacques Laperrière est aussi très habile à cette tactique, qui demande beaucoup de cran; mais du cran, il en faut, dans cette ligue, devant tous les risques qu'on y court."

Pas étonnant qu'une heure avant une partie, on ait cette impression d'attendre dans les coulisses.

Cette année, on a retardé l'heure des parties de cinq minutes, pour la télévision, mais mes nerfs sont restés à l'heure ancienne: mes émotions n'ont pas fait un saut de cinq minutes. On est tous tendus, et on peut être bouleversés par un incident survenu au cours d'une partie. Le joueur de hockey a ses hauts et ses bas; je pense que personne n'y échappe. On dit que Doug Harvey est inébranlable, mais je n'y crois pas: malgré son air calme, je suis sûr qu'en son for intérieur, il en prend un coup; la tension se fait sentir pour la plupart des joueurs. On me dit que j'ai l'air détendu, mais il m'arrive de m'énerver: ce n'est pas un jeu de détente. Cournoyer, lui, est toujours égal à lui-même: il peut lui arriver de ne pas être en forme, mais ça ne dure pas. Terry Harper, lui aussi, est difficile à énerver. Boum Boum, c'était tout le contraire: il était au septième ciel, puis, tout à coup, il disparaissait: une douche, vite, puis on ne le voyait plus. Evidemment, cela a nui à sa santé, de s'inquiéter si facilement. Quant à Gump, il avait beau recevoir des lancers à la tête, se faire bousculer par les partisans, il semblait de glace. Mais il a changé, ces derniers temps; je pense qu'il est rendu comme nous tous. La plupart d'entre nous aimons que ça soit tranquille, au vestiaire, avant la partie. Il est strictement défendu de fumer, dans la pièce, et d'y prendre de la bière et de l'alcool. Larry Aubut avait demandé à Yogi Berra, le printemps dernier, d'éteindre son cigare. On l'a trouvée bien bonne, parce que Larry lui-même s'oublie, parfois. Les joueurs de baseball prennent de la bière, au vestiaire; nous, pas. J'ai l'impression que, vu notre nombre restreint, le vestiaire représente plus pour nous que pour les joueurs de baseball ou de football. On se sent plus près les uns des autres. J'aime beaucoup l'atmosphère d'intimité qui y règne.

Je mets du temps à m'habiller. J'enfile mes grandes "combines". Je sais que ç'a l'air vieux jeu, mais on ne pourrait pas s'en passer. On prend une vraie bonne suée, au jeu, et un refroidissement peut provoquer une élongation musculaire. Les grands sous-vêtements, ça vous isole, ça vous garde au chaud. C'est confortable, c'est irremplaçable. Je les enfile, puis j'écoute la conversation. On jase, on rigole. Savard est un grand comique; Fergy, lui, il parle. D'ail-

Contre les Maple Leafs de Toronto. De g. à dr.: Allen Stanley, Gilles Tremblay, Jean Béliveau et Johnny Bower.

leurs, on parle tous.

Vers sept heures dix, sept heures quinze, ça se tranquillise; on lace ses patins, on ajuste son équipement. A sept heures vingt, c'est Claude qui arrive. Toe, lui, arrivait à sept heures vingt-neuf. On savait que c'était le moment de partir. Il parlait très peu. Vers le même temps que Claude, David Molson et Sam Pollock arrivent; ils font le tour, distribuant des tapes dans le dos, des petits mots d'encouragement. Ce que j'aime, chez eux, c'est leur simplicité; de toute façon, ce n'est pas le temps de faire des discours. A sept heures trente précises, on nomme le gardien débutant, juste au moment du départ. Souvent, on choisira celui qui vient de jouer une bonne partie contre la même équipe, mais il arrive fréquemment qu'on fasse le choix au tout dernier moment.

Puis, on saute sur la glace. C'est au moment de l'exercice, que l'on sait comment ça va marcher ce soir-là. J'aime ça; je sais que j'en ai vraiment besoin.

On ne peut vraiment prévoir comment la partie va se passer; tout ce qu'on peut sentir, c'est si ça va rondement . . . ou non, et alors, c'est mauvais signe. On n'a pas beaucoup de temps pour se réchauffer; on pourrait prolonger l'exercice, mais il y a la glace à nettoyer, les arbitres qui ont besoin de se réchauffer et de vérifier filets, lumières des juges de buts et chronomètre. Des fois, je me prends à souhaiter que ça dure plus longtemps: j'aimerais transpirer un peu plus.

Ensuite, c'est comme à la boxe: on attend la cloche. La partie commence à huit heures cinq; alors, à huit heures deux, il y a trois petits coups de cloche, au vestiaire.

A New-York, c'est une voix qui vient du haut-parleur: 'Sur la glace dans trois minutes, s'il-vous-plaît! ' Au Forum, c'est la cloche. Puis, une minute avant la mise au jeu, un coup très bref, et on y va. On reçoit les instructions de Claude, en passant: 'La ligne de Béliveau contre celle de Ullman'. C'avait l'habitude d'être 'Béliveau contre Keon', mais depuis un bout de temps, c'est Ullman. Si Toronto commence par Ullman, c'est moi qui fais la première mise au jeu. A ce moment-ci, tout le monde est arrivé; Toronto fait toujours salle comble. On se demande souvent si la rivalité entre les Canadiens et les Leafs est aussi forte qu'entre les Canadiens et le Chicago ou le Boston. On s'imagine que notre plus grand plaisir, c'est de battre Toronto. Je ne le crois, pas: nous préférons battre une vieille équipe de la division est, tout simplement parce que ce sont les vieilles équipes qui nous causent le plus d'ennuis. Si c'est Toronto qui nous talonne, c'est Toronto que nous voulons battre.

L'an dernier, nous voulions battre Boston, parce qu'il le fallait, mais plusieurs années avant cela, c'était Chicago; ce qui arrive, c'est qu'en quarante ans, c'est probablement Toronto qu'il a fallu battre le plus souvent, c'est tout.

Il y a, cependant, bien des partisans qui ne demandent pas mieux que de nous voir les battre; d'ailleurs, à Toronto, c'est l'inverse qui est vrai.

Les Leafs m'ont toujours donné du fil à retordre. Tu sais, moi, il me faut de la place, beaucoup d'espace, parce que je préfère le jeu ouvert; j'aime rencontrer une équipe qui favorise le même style, comme le New-York et, jusqu'à un certain point, Chicago et même Détroit. Boston, non; Toronto, jamais. Les Leafs, à ma connaissance, ont toujours joué un jeu très serré; ce n'est pas qu'ils soient incapables de patiner: pensez à des gars comme Dave Keon, Ron Ellis; Mahovlich, un temps; Ullman, Henderson, Walton. Bob Pulford aussi est un bon patineur. J'ai hâte de voir s'ils vont changer, maintenant que la venue de nouveaux joueurs et d'un nouvel instructeur leur imprime une nouvelle orientation. Bien sûr, les Leafs m'ennuient; on a eu le dessus sur eux, au cours de la saison, mais ça n'a pas été facile. Un gars qui va leur manquer, c'est Bower.

C'est à peu près le gars le plus dur à déjouer que j'aie connu; les feintes, ça ne prend pas, avec lui: il reste là, immobile, attendant que tu fasses le premier geste. Tu te souviens peut-être que Ferguson l'a heurté une couple de fois; mais Johnny ne s'est jamais plaint: "C'est dans le jeu," répétait-il. C'était son jeu, d'attendre, sans bouger, pour forcer le joueur à venir à lui. C'est bien risqué. Il me faisait rire: j'avais beau faire feinte sur feinte, ça ne mordait pas. Mais j'en ai compté une couple de douzaines contre lui, je pense. Chacun son tour. Il était dur à déjouer; il va bien leur manquer.

La première fois que je *vois* vraiment à qui j'ai affaire, c'est au moment de l'hymne national. J'aime beaucoup ce moment-là: ça te donne la chance de respirer et de te recueillir. Dans la foule, on peut distinguer les figures des quinze premiers rangs, puis tout cela s'estompe et prend une couleur violette, d'abord, puis, tout en haut, ça tourne presque au noir.

Le nouvel éclairage est plus fort, pour la TV couleurs, mais je ne sens pas la chaleur augmenter, sauf peut-être vers la fin des éliminatoires, et là encore, c'est peut-être dû à la chaleur extérieure.

Au jeu, on ne distingue jamais les voix. C'est un vague bruit de fond qu'on n'entend pas de la patinoire. Au banc, on l'entend, des fois, peut-être. Je me concentre tellement, que j'entends moins le bruit que certains joueurs. Et puis, tu sais, j'ai déjà joué dans des petites arènes où le bruit était beaucoup plus intense, parce que le toit était plus bas et les murs plus rapprochés.

Parfois, du banc, le bruit de la foule vous arrive par vagues; cela

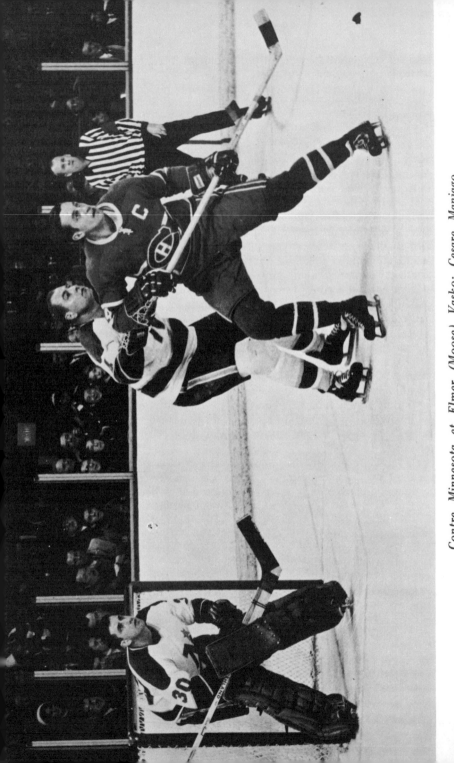

Contre Minnesota et Elmer (Moose) Vasko; Cesare Maniago

a peut-être quelque chose à faire avec votre respiration. A la mise au jeu, c'est sur nos bâtons que je me concentre. Ullman est malcommode: il bouge tout le temps. Je ne pense pas qu'il soit plus rapide que Keon, mais il tourne en cercles d'une trentaine de pieds comme un bourdon. Des fois, j'ai l'impression d'avoir passé la période à le surveiller dans les coins. Une autre chose qu'il fait comme pas un, c'est de capter la rondelle dans le coin, une vingtaine de pieds à gauche du gardien, et de la conserver, en préparant son jeu: avance, recule, avance, recule; il attend que Floyd Smith soit en position de recevoir sa passe, devant le but; il faut que je la coupe. Tu me demandes de quoi ça a l'air? C'est comme un film en scènes très courtes: des jambes, des bras, quelqu'un que vous voyez juste du coin de l'oeil. Mais dans une course à la rondelle, je rattrape Ullman. Un gars qui le fatiguait, c'était Henri; je les ai vus se disputer la rondelle des soirées entières, et Henri ne se laissait pas faire; depuis qu'Ullman est à Toronto, c'est plutôt à moi qu'il a affaire. Il ne passe pas toujours au même ailier: ce sera tantôt Henderson, tantôt Smith, si ce dernier joue à droite. Si j'arrive au jeu un peu engourdi, il suffit d'un relai contre Norm pour me réveiller.

On se remplace, en moyenne, toutes les quatre-vingt-dix secondes. A trois lignes régulières, on joue trois ou quatre relais par périodes, cinq au plus, au cours d'une partie normale. Les pénalités peuvent tout chambarder cela: il m'arrive de passer une bonne moitié du temps sur la glace. Je pense qu'en moyenne, on se relaie toutes les quatre-vingt-dix secondes ou toutes les deux minutes, mais si on n'est pas en forme ou si on a trop mangé, ça peut se réduire à soixante secondes, et encore!

Il suffit habituellement de trente secondes pour récupérer. Provost peut tuer le temps pendant une pénalité, puis quitter la glace à la première mise au jeu, pour revenir dès le coup de sifflet suivant; il récupère vite, comme la plupart d'entre nous, d'ailleurs.

Au banc, Claude jase plus que Toe, mais il n'est pas question de donner des conseils; je pense que je ne pourrais pas les absorber, au banc. Non: une tape sur l'épaule, et on y va. La règle, c'est de partir dès qu'on voit arriver son opposant. En fait, on la fait soi-même, sa substitution. Quand Provost s'occupe de Bobby Hull, il piaffe d'impatience: Bobby peut compter pendant qu'il attend le signal. Pour sortir, c'est le même principe: on sort dès qu'on se retrouve face à un nouvel opposant. Il s'agit de ne pas attendre d'être trop fatigué; le seul joueur qui peut se permettre de prolonger son relais, sans se faire battre de vitesse, c'est Henri Richard. Je l'ai vu rester sur la glace trois minutes et demie, et patiner aussi naturellement à la fin qu'au début. Vous dire ce que

La famille Béliveau à la maison: Jean, Hélène et Elise.

j'entends par patiner naturellement, ce n'est pas facile. Il n'y a, à ma connaissance, qu'une poignée de joueurs capables de patiner à la perfection, comme s'ils étaient faits pour ça. Normalement, on ne naît pas patineur: l'homme n'est pas, par définition, un animal qui patine, et l'enfant apprend plus facilement à marcher qu'à patiner. Mais il existe trois ou quatre joueurs que j'ai vus, dans mes vingt-cinq ans de hockey, se déplacer comme s'ils n'avaient jamais dû apprendre à patiner. Ils se fatiguent peut-être comme tout le monde, mais il n'y paraît pas, et ceux que j'ai en tête peuvent rester plus longtemps que moi sur la glace sans se faire déclasser par un opposant dispos. Il m'est déjà arrivé de me faire battre de vitesse par un joueur reposé, mais ça n'arriverait pas souvent à Henri Richard ni à Don Marshall, qui sont des patineurs naturels. On dirait que le moindre mouvement des muscles de leurs jambes leur donne le maximum de puissance. Keon en est un autre; à la façon dont il patine, il joue parfois plus comme un ailier que comme un joueur de centre. Lui et George Armstrong avaient un jeu qui leur était particulier: Army sortait la rondelle à droite de la zone des Leafs, juste après avoir franchi la ligne bleue, où Keon la captait, pour s'échapper à la gauche comme s'il jouait à l'aile gauche.

A Toronto, on dit que Keon ne va pas très bien avec Ron Ellis: c'est qu'Ellis, un joueur à la technique parfaite, reste à l'aile, puisqu'il est ailier et non joueur de centre. Keon, lui, aime parfois que ce soit son ailier qui lui prépare le jeu, et non vice-versa, tandis qu'Ellis semble s'occuper strictement de ses affaires. Vous aurez remarqué que depuis une couple d'années, les Leafs ont donné Oliver comme ailier gauche à Dave Keon. Je pense que c'est parce que Oliver, ayant joué au centre presque toute sa carrière, à Boston, ne s'oppose pas à laisser Keon s'échapper ni à changer de place. Ils font un dangereux duo: on a l'impression de faire face à deux joueurs de centre à la fois, ou à trois ailiers, si vous voulez. Il y a eu des soirs à Toronto où tout mon jeu défensif consistait à pourchasser Keon pour couper une de ces passes en diagonale.

On se connaît bien, depuis le temps qu'on se fait face. Pour faire la comparaison entre nous deux, il faudrait envisager plusieurs situations: une échappée, deux tours de glace, un virage à gauche, un autre à droite. Du temps que Mahlovich jouait à Toronto, je le mettais en échec le plus souvent et surtout le plus tôt possible, parce qu'une fois lancé à toute vapeur, je vous assure qu'il filait, lui aussi, à l'aile gauche. Maintenant, depuis le fameux échange, nous avons Paul Henderson à surveiller; il n'a peut-être pas le poids de Mahovlich, mais il se déplace. Mais quand je pense aux passes à gauche dans une partie contre Toronto, c'est à Keon que je pense;

j'essaie de ne jamais le laisser me filer entre les pattes; c'est un merveilleux patineur. Voilà ce que je vois dans une partie contre Toronto: Ullman qui va chercher la rondelle dans le coin, pendant que Keon file à gauche. Il faut que je fasse attention de ne pas rester au jeu trop longtemps, quand Walton arrive, parce qu'il est rapide, lui aussi. Il y a aussi, derrière la ligne bleue, Tim Horton, mon joueur de défense favori. Il est tellement fort, qu'il peut vous retenir avec son épaule ou son bras, même si vous croyez l'avoir dépassé. La plupart du temps, je passe à droite, loin de Tim; pas tout le temps, toutefois, parce que ce serait une erreur. Je me retrouvais ainsi, un temps, aux prises avec Allan Stanley, un fin joueur. Chez les Canadiens, on disait que Stanley, c'était un aimant: il avait le don d'attirer le jeu à lui, même sans bouger. Il s'avançait jusqu'à sa ligne bleue, mais il était terriblement difficile à déjouer. Voilà ce que je vois sur la glace.

La tension se maintient douze heures d'affilée: de la réunion à la fin de la partie. De dix heures et demie à dix heures et demie, on est sous la grande horloge. A la fin d'une partie, que ce soit contre Toronto ou une autre équipe, je suis bien fatigué. Au début de la saison, je m'en ressens le lendemain. Si la partie finit, disons, vers dix heures vingt, on sort du vestiaire vers onze heures, fourbus. Je n'ai jamais eu l'habitude d'aller nulle part, après la partie. Je passe prendre ma voiture et je file chez moi. J'ai toujours un peu faim, à ce moment-là, alors, je mange un peu: un bol de soupe, un peu de fromage, une boisson gazeuse.

Puis je me détends. Comme tout le monde, je regarde le Carson Show, ou bien Joey Bishop. Je ne fais rien qui demande de la concentration. Je les écoute bavarder, sans trop y faire attention ... exercice demain ... partie samedi soir ... Chicago dimanche ... au lit."

5

Le joueur de centre format géant

Jacques Beauchamp, autrefois du *Montréal-Matin* et maintenant directeur des pages sportives du *Journal de Montréal*, appelle Jean le joueur de centre format géant. Pour Jacques, l'un des plus fins observateurs du hockey, c'est là la marque distinctive de Jean Béliveau: le format géant.

Les grands joueurs de centre ne sont pas habituellement grands de taille: Stan Mikita mesure cinq pieds neuf pouces et pèse cent soixante-cinq livres; Norm Ullman, vingt livres de plus, mais à peine un pouce de plus; Dave Keon, presque la même chose que Stan: cinq et neuf, cent soixante-trois; Backstrom, cinq et dix, cent soixante-dix; Henri Richard, cinq et sept, cent soixante. En feuilletant le guide de la L.N.H., on se rend compte que la plupart des joueurs de centre mesurent tout au plus cinq pieds, dix pouces, mais chose curieuse, les deux premiers de la liste sont grands: George Armstrong, six pieds, un pouce, cent quatre-vingt-quatorze livres, puis Don Awrey, six pieds, cent quatre-vingt-six.

Cette liste prouve quelque chose. Le guide donne Armstrong et Awrey comme joueurs de centre parce qu'ils ont déjà joué à cette position, mais aujourd'hui, Armstrong joue à l'aile droite, tandis que Awrey joue à la défense. C'est qu'ils étaient trop lents, vu leur taille et leur poids, pour jouer à ce poste clé dans les ligues majeures.

A feuilleter le guide, on se rend vite compte de ce point: Red Berenson, par exemple, le "grand rouge" du Saint-Louis, qui mesure six pieds et pèse cent quatre-vingt-cinq livres, est donné comme ailier gauche. Il a, en effet, joué deux saisons à l'aile gauche, mais les Blues le font jouer au centre, et pour deux bonnes raisons: d'abord, en dépit de sa taille, c'est l'un des plus rapides patineurs de la ligue et ensuite, il a l'un des meilleurs lancers du revers, ne le cédant qu'à Béliveau et à Mikita. Si Berenson est devenu la première étoile de la division ouest et son joueur le plus utile, c'est qu'il réunit quelques-unes des grandes qualités de Béliveau: à sa taille imposante, il allie la rapidité et, dans une certaine mesure, la finesse de ce dernier.

Il y a, dans la L.N.H., un joueur qui est tellement bon, que personne ne s'en rend compte. L'an dernier, dressant la liste des joueurs qui avaient compté, dans la L.N.H., plus de trois cent cinquante buts, le *Star* l'a oublié. Voici un indice: outre Béliveau et Howe, il n'y a qu'un seul joueur qui ait obtenu plus de *mille* points dans la L.N.H. Autre indice: il mesure six pieds et pèse cent quatre-vingt-dix. Troisième indice: il joue au centre.

Vous donnez votre langue au chat?

Alex Delvecchio a obtenu, dans sa carrière, mille dix-sept points. Jean en a mille quatre-vingt-quatorze. Le seul autre joueur à avoir obtenu plus de mille points en saison régulière, c'est Gordie Howe, bien entendu. Alex a joué dix-huit saisons complètes dans la ligue, et y a compté trois cent soixante-quinze buts (! ! !) et pourtant, le *Star* l'a oublié. C'est l'un des plus grands joueurs de centre, dans les deux sens du mot.

S'il est un joueur qui a dominé le jeu dans la L.N.H. au cours de la dernière saison, c'est Phil Esposito. Il a été le premier joueur à obtenir plus de cent points et le premier joueur de centre à compter quarante-neuf buts, en une saison. Il est l'une des plus brillantes jeunes étoiles de la ligue et, avec ses six pieds et un pouce et ses cent quatre-vingt-quinze livres, il vient au premier rang de ceux qu'on peut appeler joueurs de centre "à la Béliveau."

D'ailleurs, Phil l'a maintes fois déclaré à la radio, à la télévision et aux journaux: "Tout ce que j'essayais de faire, à mon arrivée, c'était de jouer le style Béliveau".

Il existe *vraiment* un style Béliveau, un jeu Béliveau, dont l'influence se fait ressentir dans toute la ligue. Walt Tkaczuk, des Rangers et Gary Unger, des Red Wings, deux des joueurs les plus prometteurs de la ligue, ont trois choses en commun: ils jouent au centre, ils ont la finesse, la rapidité et la taille, et ils ont le style Béliveau. C'est cet ensemble de qualités que les Red Wings veulent

Leo Boivin et Hank Bassen du Pittsburgh.

exploiter chez le très jeune Gary Monahan. Il se peut que, la moyenne de taille augmentant à chaque génération, les gros joueurs de centre deviennent moins rares, mais je n'en suis pas si sûr: le hockey subit une loi de rendement non-proportionnel qui ne vaut pas pour le football ni le baseball professionnels; c'est plutôt comme à la boxe, où l'on ne doit pas dépasser les six pieds et deux ou trois pouces et les deux cents ou deux cent cinq livres, si l'on veut devenir champion. Cassius Clay et Jean Béliveau possèdent cet attribut du grand athlète: le maximum de taille allié au maximum de rapidité. Si Clay est si fascinant à regarder, c'est à cause de l'extraordinaire agilité de ses jambes et de la variété de coups que peuvent porter ses poings, les plus rapides du monde des poids lourds.

Au football, on trouve des hommes de six pieds sept et même six pieds huit, pesant *au-delà* de deux cent soixante-dix livres, qui peuvent faire une course rapide d'une trentaine de verges, en droite ligne ou latéralement. Au baseball, un lanceur de six pieds et six pouces doit à sa taille un certain avantage; mais ce sont tous là des athlètes entraînés à s'acquitter d'une fonction bien limitée, tout comme les hommes très grands du basketball professionnel. Ce sont là, sans aucun doute, des athlètes exceptionnels, mais leur physique ne leur permet de répondre qu'à certaines exigences d'un sport particulier, tandis que le boxeur ou le hockeyeur, lui, doit être un athlète complet dont la taille ne soit pas disproportionnée et dont la rapidité ne sacrifie pas au poids. A deux cent soixante-dix livres, on peut courir trente verges, mais on ne saurait boxer quinze rounds ni jouer du hockey majeur. Clay et Béliveau ont le maximum de taille que leur sport puisse admettre, tout en étant extraordinairement rapides. Je n'hésite pas à affirmer que, physiquement, ce sont des athlètes beaucoup plus complets que les colosses du football.

Un jour que Cassius Clay rendait visite aux Browns de Cleveland, après une partie, l'un des géants de l'équipe déclara: "Je ne pensais pas que ce jeune-là pouvait être si fort". Que de vanité! Pensez à ce que Cassius Clay pourrait faire de cet homme-là, en cinq rounds. Il ferait probablement la même remarque au sujet de la taille de Béliveau, jusqu'au moment où il essaierait de le suivre sur patins.

Béliveau, c'est le grand joueur de centre par excellence, le plus grand et gros qu'on ait eu la chance de trouver; chez lui, la taille s'aillie à l'élégance et à la rapidité, pour en faire un athlète presque unique en son genre, un de ces joueurs qui révolutionnent le style de jeu propre à leur poste. Il se compare à cela à un Babe Ruth, qui, non content de révolutionner l'art de frapper, a amené la refonte complète de la stratégie du baseball.

Au hockey professionnel moderne, trois joueurs ont suscité une nouvelle conception de la façon de jouer à leur poste, et tous trois ont passé la majeure partie de leur carrière chez les Canadiens. (C'est peut-être là une des raisons du succès constant des Canadiens.) Doug Harvey, qui est sans conteste le plus grand joueur de défense des temps modernes — quant à Bobby Orr, attendons — a apporté à la défense, surtout dans le domaine de la maîtrise de la rondelle, des innovations qui lui ont valu bien des imitateurs. Jacques Plante, lui, a créé à lui tout seul l'art moderne de garder le but, non seulement par l'adoption du masque, mais dans un domaine beaucoup plus important: la reprise de la rondelle derrière ses filets après un lancer fait de loin. Jean a chambardé toute cette partie de la stratégie du hockey qui touche au poste centre. Demandez à un connaisseur quel genre de joueur il aime avoir au centre: il nommera peut-être Keon ou Mikita, mais il aura toujours un autre nom en tête, et si vous lui demandez: "Vous n'aimeriez pas autant avoir un Béliveau? " il l'avouera en souriant. Tout le monde veut avoir un joueur de centre à la Béliveau, mais c'est là une espèce rare.

On peut diviser les joueurs de centre en deux genres: les fabricants de jeu et les joueurs défensifs. Dans la première catégorie se rangent Stan Mikita, Norm Ullman, Phil Esposito, Henri Richard, Jean Ratelle, et pour remonter un peu plus loin, Ted Kennedy, Bill Cowley, Elmer Lach, Milt Schmidt et Frank Boucher.

Si l'on parle de joueurs de centre défensifs, on pense à Phil Goyette, Bones Raleigh, Bob Pulford, Orlando Kurtenbach, Bill Hay et, plus loin en arrière, Johnny "Goose" McCormack ou Pete Langelle.

Il y a aussi, de temps à autre, un joueur qui, tout en étant appelé joueur de centre, joue plutôt comme ailier, comme Ralph Backstrom ou Mike Walton.

Enfin, mais très rarement, on verra émerger un grand joueur de hockey qui réunira les caractéristiques de ces trois genres: Nels Stewart (bien qu'il ait été un compteur avant tout), Alex Delvecchio, Howie Morenz et, par-dessus tout, Jean Béliveau. Ce qui fait de lui un joueur format géant, c'est la façon dont son jeu dépasse et englobe à la fois tous les autres genres de jeux de centre. C'est un grand fabricant de jeux, sur qui son opposant a rarement le dessus; il se déplace comme un ailier (comme le montre son jeu avec Bernard Geoffrion et avec Yvan Cournoyer); enfin, il sait compter de mille et une façons. Si ce n'est pas Gordie Howe qui a été le plus grand hockeyeur de tous les temps, c'est Jean. Et il y a une foule de raisons pour que ce soit Béliveau. Pensez-y bien: si vous

Contre les Seals d'Oakland. De g. à dr.: Hodge (gardien), Béliveau, Carol Vadnais (5) et Bert Marshall (19).

aviez, *vous*, à choisir entre les deux, lequel prendriez-vous?
Avez-vous hésité?

A quel autre nom avez-vous songé?

Pris par surprise, la plupart des gens répondront: Howe, bien entendu, mais . . . minute . . . Howe est un ailier. Je ferais mieux avec Béliveau, parce que j'ai besoin de puissance au centre. Non: je prendrais Howe, comme compteur . . . mais Jean aussi, est bon compteur, et puis il vous a ce *style*.

La meilleure façon de résumer cette subtile discussion, c'est de reconnaître qu'au départ, la question est fausse et qu'il s'agit d'un de ces problèmes insolubles qu'on aime à se poser. C'est aussi insoluble que d'essayer d'additionner des pommes et des oranges. Aucune comparaison possible. Et pourtant, que de fois n'a-t-on pas comparé Shakespeare à Molière, Platon à Aristote. Si tout joueur de hockey naît Platonicien ou Aristotélicien (ou Libéral ou Conservateur), on peut dire que Béliveau est Platonicien et Libéral et Howe, Aristotélicien et Conservateur. Howe, c'est la perfection; Jean, c'est le fin du fin. Bref, il ne s'agit pas uniquement de rendement physique: c'est aussi une question de *beauté*.

En ce qui touche à la beauté du style, Jean n'a pas son égal, ni sur la glace, ni ailleurs. Ted Williams était meilleur frappeur que Joe DiMaggio, mais lequel préférez-vous?

Jean et DiMaggio ont en commun cette beauté et cette élégance du style qui les rangent tout à fait à part. Il suffisait de voir DiMaggio faire le tour des buts ou se retourner, sitôt le coup frappé, pour aller attraper un long ballon, pour se rendre compte qu'il avait ce *quelque chose* que personne d'autre n'avait. Il en est de même pour Jean: à le voir patiner, apparemment sans effort, d'un coup de patin mesuré, on s'accorde à dire qu'il *a plus d'allure* que tout autre joueur.

Quand j'ai commencé à fréquenter le Forum, je prenais une place à un dollar vingt-cinq, derrière la Terrasse; quand Jean arrivait, un ami et moi avions l'habitude de crier: Qui est le plus grand joueur de hockey du monde? Et une bonne moitié de la section devant nous hurlait sa réponse: JEAN BEEELIIIVEAU! ! ! . Ca venait du coeur.

Il ne s'agit pas, ici, de la simple apparence d'un joueur, de l'élégance de son coup de patin. Le style consiste à accomplir une action donnée avec un minimum de gestes. Celui qui a dit ça ne se trompait pas. L'économie et la précision du mouvement, tant mental que physique, le mouvement, la vie de l'intelligence, tout cela se retrouve dans le style. Ce qui nous rend un athlète si cher, c'est l'étrange don qu'il a de paraître tout faire sans effort. Si parfait que soit le jeu de Gordie Howe, on ne saurait dire qu'il nous charme, qu'il nous est cher. Impressionnant, fort, efficace, oui; cher à nos yeux, non. L'apparence, ici, n'est pas une chose à fleur de peau: elle vient du dedans.

Et lui, Jean, qui a ce don du style, qu'en fait-il? Il joue au centre comme aucun autre joueur ne le fait, bien que plusieurs s'y essaient. Exception faite du gardien, c'est le joueur de centre qui a la plus grande part de responsabilité, dans l'équipe. Le gardien est d'une race à part: il ne répond pas exactement à l'idée qu'on se fait d'un joueur de hockey. Impossible de l'englober dans une discussion comme celle-ci. Terry Sawchuk est un grand styliste, tout comme Plante, d'ailleurs, mais on ne saurait les comparer aux joueurs d'avant ni de défense: il leur faut un livre à part.

De tous les joueurs d'attaque et de défense, c'est le joueur de centre qui a la plus dure besogne. Prendre possession de la rondelle, en garder le contrôle, la reprendre une fois perdue, que ce soit chez l'adversaire ou chez soi: voilà les tâches dont il est grandement responsable. C'est à lui qu'il revient de contrôler le jeu et, s'il n'en vient pas à bout, son équipe perd.

La patinoire a quatre-vingt-cinq pieds de largeur. Sur chacun de ses côtés, les ailiers ont leurs "allées" allant de dix à quinze pieds de largeur. Mettons quinze. Cela laisse au joueur de centre une étendue de cinquante pieds de largeur, dont il a la responsabilité, et c'est là que s'amorcent les jeux, c'est de là qu'on lance sur l'ennemi des attaques qui réussissent ou qui vont se briser comme des vagues contre le mur de la défense, pour se reformer ou s'éparpiller. Quand la rondelle change de mains derrière la ligne bleue, c'est lui qui doit dominer le milieu de la zone, en tâchant de diriger la circulation de façon à briser l'attaque en voie de formation. S'il faillit à la tâche, il lui faut revenir observer le jeu d'en arrière et surveiller de sa propre zone défensive tout ce qui se passe, prêt à prendre n'importe quelle direction, au gré du jeu. Sa première et grande responsabilité, c'est de demeurer libre de ses mouvements et de poser des gestes décisifs. Il ne peut pas s'engager dans une allée pour s'y coller à un adversaire en particulier: il doit être prêt à mettre n'importe qui en échec.

Ça commence dès la mise au jeu, cette mise au jeu dont on sous-estime l'importance. En effet, si l'on veut compter, il faut s'emparer de la rondelle; or, à la mise au jeu, les adversaires sont à chances égales et l'avantage va à l'équipe qui a de son côté un quelque chose de plus: si votre joueur de centre a le dessus dans soixante-dix pour cent des mises au jeu, vous détenez un précieux avantage.

"Au cours de la série contre Boston, cette année, me dit Jean, Derek Sanderson a vraiment travaillé fort, face à moi, aux mises

Contre Toronto: Terry Sawchuck, Jean et Tim Horton.

Ed. Johnston (Boston).

au jeu. Il semblait s'en faire un point d'honneur: je n'ai jamais vu pareille concentration.

Quant à moi, je ne veux pas gâter les choses; vous remarquerez que je m'avance vers la ligne lentement, tâchant d'arriver en place au moment précis où la rondelle tombe. Partir trop vite, c'est s'exposer à se retrouver hors d'équilibre à ce moment-là ou à se faire chasser par le juge de lignes, chose fréquente durant les éliminatoires, surtout celles de la saison dernière, où les juges étaient très sévères. J'essaie d'arriver à l'instant précis; la mise au jeu, c'est bien plus important qu'on ne le croit. On peut placer ses joueurs, avant d'avancer soi-même. Ralph Backstrom, lui, aime obtenir un petit lancer sec dès la mise au jeu. Il m'arrive de jeter un coup d'oeil à Yvan, juste avant le départ, ou de lui faire signe avec mon bâton."

Le centre est la clé de voûte de tout le jeu de position, tout le long de la partie. Jean a mis au point trois ou quatre tactiques offensives qui lui valent des imitateurs. Quand il s'agit d'arriver seul devant le gardien, par exemple, il n'a pas son égal.

"On peut feinter, me dit-il, avec son bâton, avec ses genoux, avec ses bras et ses épaules et même avec ses yeux: il s'agit, avant tout, d'amener le gardien à bouger, parce que, une fois parti dans une direction, il n'a pas le temps de se raviser. Il faut se rappeler que quatre-vingt-quinze pour cent des gardiens sont des receveurs gauchers, en ce sens qu'ils tiennent le bâton de la main droite, la lame pointant à gauche, tandis qu'ils attrapent de la main gauche. Don Simmons et Roger Crozier tiennent leur bâton de la gauche, mais ce sont deux exceptions. Pour eux, le coup le plus difficile à arrêter, c'est le lancer bas, celui qui passe sous le manche du bâton, à leur droite: c'est qu'ils tiennent leur gros bâton dans un gant protecteur qui n'est pas fait pour attraper; c'est celui de gauche qui l'est. Quand j'arrive sur un gardien, j'essaie de rendre inutile sa main libre et de le forcer à défendre son côté difficile à protéger. En l'amenant à se tenir à la gauche du filet, on le force à exposer le côté droit. Pour ma part, le fait que je lance de la gauche me permet de lancer plus facilement de son côté faible. Cette feinte qui amène le gardien à se déplacer à sa gauche, donc à ma droite, est mon arme principale, et vous me verrez souvent y recourir, en faisant un geste de l'épaule ou en faisant semblant de vouloir lancer du revers. Il s'agit, surtout, de ne pas se répéter.

C'est difficile à éviter; Toe Blake me répétait toujours de contourner le filet de gauche à droite; c'est comme ça qu'Henri Richard s'y prend, presque tout le temps: il s'en va toujours vers la droite du gardien, du côté de son bâton; quand je pense à lui, c'est comme ça que je me le représente: derrière le gardien, à peu près dix pieds à sa droite, le long de la rampe, et en possession de la rondelle. Toe essayait de me faire changer de sens, et il m'a amené à me rendre compte que je tournais toujours de droite à gauche. C'est que je patine mieux dans ce sens-là, voilà tout. On ne se débarrasse jamais de ça: chaque patineur a son sens préféré, tout comme il lance mieux d'un côté que de l'autre. Compte tenu des gardiens, je dirais que quatre-vingts pour cent des joueurs de la ligue lancent de la gauche. Consultez les registres: vous verrez que tous les gardiens, tous les ailiers gauches, la plupart des joueurs de centre et de défense et même quelques-uns des ailiers droits lançaient de la gauche. Tenez, par exemple, Maurice Richard qui était pourtant un ailier droit, lançait de la gauche; Cournoyer aussi.

Mon tour du filet, je le fais de droite à gauche; pas toujours, mais probablement huit fois sur dix. C'est là un secret de polichinelle; l'important, c'est de varier le truc, de temps à autre."

Ce jeu-là, l'une des meilleures tactiques de Béliveau, exige énormément de force. Il le maîtrise si bien, que penser à Béliveau, c'est penser à ce jeu en particulier. Il oblique vers le centre, pour attirer à lui le joueur de défense gauche, qu'il contourne tout en amenant la rondelle sur le *revers* de sa lame de bâton (c'est justement pour cela qu'il n'aime pas trop la lame recourbée). Profitant de la longueur de sa portée, il tient, de son bras droit, la rondelle hors d'atteinte du joueur de défense, puis il s'éloigne de lui.

"C'est mon jeu favori. C'est que, voyez-vous, en appuyant de tout votre poids contre l'épaule et le bras du défenseur, vous l'emprisonnez." Son sourire s'élargit. "A ce moment-là, j'essaie de jouer un peu de la main ou du bras gauche, qui est libre, naturellement, puisque je tiens la rondelle au bout du bras droit. Il peut m'être arrivé de soulever un bâton, de le pousser un peu ou, accidentellement, de le coincer entre mon coude et mon côté.

D'après les règlements, c'est illégal comme le beau diable, mais dites-vous bien que, pendant ce temps-là, le joueur de défense est probablement en train de tricher, lui aussi. Je ne dis pas que deux noirs font un blanc: je dis tout simplement que s'il vous gêne avec son bâton, il est tout à fait humain de vous défendre. Ce sont-là des infractions mineures, tout au plus, des choses que, dans un jeu aussi rapide que le hockey, on fait plutôt par réflexe. J'ai pu, à l'occasion, repousser un bâton ou deux; ça laisse le joueur de défense absolument impuissant, parce que vous pesez sur lui de tout votre poids. Ca l'enrage, tout bonnement! "

Une fois le joueur de défense déplacé (tout cela se passe à la vitesse de l'éclair), Jean passe derrière le filet, habituellement de droite à gauche, et c'est ici que survient une autre variante.

Contre New-York. De g. à dr.: Giacomin, Jean et Nielson.

"Surveillez-moi bien; vous verrez: à mes débuts dans la Ligue, je faisais presque toujours le tour complet du filet, aboutissant face à deux joueurs de défense. Depuis cinq ans, de plus en plus souvent, je m'arrête avant de passer derrière, et je retiens la rondelle, autant que possible, juste derrière le gardien, six ou huit pieds à sa gauche. Cela me laisse face au défenseur de gauche. Il m'arrive alors de me diriger vers lui, pour essayer de glisser la rondelle à côté du poteau gauche. Le gardien ne sait peut-être pas où je suis, parce qu'il a Yvan, Duffy ou Fergy à ses trousses. J'ai souvent compté, en faisant cet arrêt-là au lieu de faire tout le tour. Je ne laisse pas les défenseurs reprendre leurs postes, et si celui de gauche vient à moi — il faut bien qu'il fasse quelque chose — c'est Yvan qui est libre derrière lui, et comme il lance de la gauche, je peux déposer la rondelle en plein sur sa lame, pour revenir ensuite attendre le rebond.

Henri y réussit également, mais par l'autre côté. Cournoyer l'essaiera bien, un beau jour: il devient de plus en plus audacieux, comme avec sa passe arrière, par exemple: c'est un jeu dangereux, ça, parce que, à passer la rondelle derrière soi comme Yvan, on risque de laisser un adversaire s'échapper avec. La saison dernière, j'avais beau en parler à Yvan, il continuait de s'en servir, à mon intention ou à celle de Duff; puis un beau jour, je me suis pris à l'essayer moi-même. 'Beau professeur! dis-je en riant à Yvan: c'est moi qui copie, maintenant!' Plus ça va, mieux il manie la rondelle: regardez tout ce qu'il a fait, cette année."

Jean exécute aussi un autre jeu fameux, ce jeu devant le filet, où face à deux défenseurs, il pirouette, pour lancer du revers. "C'en est un difficile, parce qu'il vous met hors d'équilibre; je lance du revers en tombant, et je me retrouve toujours à genoux. Cela survient souvent, habituellement dix ou quinze pieds devant le filet. Ma taille me vaut de presque toujours d'avoir deux défenseurs face à moi, ce qui laisse un de nos hommes libres, soit un ailier au coin du but, soit un joueur de défense en face du filet, juste en-deçà de la ligne bleue. En attirant deux hommes à soi, on rend toujours service à l'équipe. Ce revers exécuté en pirouettant fait habituellement suite à un lancer fait durant une mêlée, alors que, bien souvent, un des joueurs de défense est par terre. Dès que la rondelle se libère, je virevolte par la gauche, le dos tourné au gardien; je ne le vois pas, mais lui, il ne voit pas la rondelle, non plus. Il faut faire vite: un petit coup sec du revers, du côté de son gant, juste au moment où la rondelle ressort à côté de mon patin gauche. On pourrait appeler ça un lancer retroussé.

Le Rocket s'en servait beaucoup, à mes débuts avec lui. On ne dira jamais trop combien il était habile et rusé, le Rocket. On

Avec Jean-Guy Talbot et Jacques Plante du Saint-Louis.

l'imagine toujours fonçant tout droit de la ligne bleue, mais il excellait aussi dans les mêlées; devant le filet, il était aussi rusé que Camille Henry, et terriblement fort; je pense que c'était là sa grande qualité, à Maurice, la force; ce que j'ai toujours essayé d'imiter, chez lui, c'est la façon dont il se faufilait jusqu-là et dont il y restait. Ceux qui pensent que Maurice Richard a marqué la plupart de ses buts sur des échappées ou face à un seul adversaire ont la mémoire courte: l'écarter du filet était la chose la plus dure au monde, et j'ai toujours essayé de l'imiter, sur ce point-là."

Bien des gens semblent avoir oublié que Jean a déjà joué aux côtés de Maurice.

"Oui, c'est curieux, ça. A la première partie que j'ai jouée, lors de mon premier essai, en 1950-51, nous étions de la même ligne. Nous n'avons pas compté, cette fois-là, mais je me souviens que nous étions presque constamment maîtres du jeu. Je pense que nous avons obtenu seize ou dix-sept lancers. On se demandait alors si je serais assez rapide pour la ligue; moi, ça ne m'inquiétait pas, mais ça inquiétait certains partisans, parce que je devais avoir l'air lourd et lent. Je pense que Dick Irvin m'a fait jouer avec Maurice pour voir si je tiendrais le coup; excellente idée, parce qu'il était alors à son apogée; vous auriez dû le voir se déplacer: incroyable! A mon deuxième essai, en 1952-53, j'ai fait le tour du chapeau, contre les Rangers, et Maurice m'avait préparé deux de ces buts. Consultez les registres: vous verrez qu'il m'en a préparé un bon nombre."

Il lui en a préparé vingt-sept, en fait.

"J'ai appris toutes sortes de trucs, de lui; la pirouette avec lancer du revers en est un."

Il a joué autant avec Maurice Richard à l'aile droite qu'avec n'importe qui, sauf Boom-Boom, Yvan, Robert Rousseau et Claude Provost.

"Regardez-moi tous ces noms; j'en ai eu de la chance, de jouer avec des gars comme ça. Il n'y en a pas eu deux pareils, mais je dirais qu'Yvan et le Rocket étaient les plus rapides. Le Rocket passait de rapide à ultra-rapide, mais Yvan, c'est toujours l'ultra-rapide. Celui avec qui j'ai joué le plus longtemps, c'est Geoffrion, et n'allez pas croire qu'il était lent; sans compter qu'il avait plusieurs cordes à son arc. Nous avions appris un jeu, ensemble: je fonçais le long de la rampe droite, suivi de Bernard qui se tenait plus au centre. C'est étonnant, vous savez, le nombre de fois que les deux joueurs, un joueur de défense et l'opposant de Bernard, venaient à moi, le laissant libre de faire son fameux lancer. C'est un jeu qui nous a valu des douzaines de buts, et que je fais maintenant avec Yvan.

De g. à dr.: Béliveau, Horton, Pronovost, Cournoyer et Bower.

Robert Rousseau aussi a un fameux lancer, mais il excelle surtout à manier la rondelle. En fait, c'est un joueur de centre naturel: il suffit de le voir à l'oeuvre pour s'en rendre compte. Ce qui lui nuit, c'est que si un joueur de centre, que ce soit Henri, Ralph ou moi, se blesse, on le fait jouer au centre; il s'en tire à merveille, mais de changer trop souvent de poste, ça lui enlève un peu de son élan. On ne l'a pas apprécié à sa juste valeur, mais on se rend compte, maintenant, combien il est consistant.

Quant à Claude Provost, vous avez vu la série contre Boston: vous avez vu ses jeux, surtout celui du but final. Quand je vois tous ces noms-là à la file: Richard, Geoffrion, Rousseau, Provost, Cournoyer, j'ai peine à croire que j'ai eu de tels gars comme ailiers tout au long de ma carrière."

L'excellence de son jeu se traduit par l'effet qu'il produit sur ses ailiers. C'est ce que Duff résume: "Tout le monde veut jouer avec Jean." Jamais un joueur de la trempe des Howe ou des Béliveau ne rejettera un compagnon de ligne dans l'ombre. Ces quelques joueurs ont le don d'amener un coéquipier à se réaliser pleinement, et même à se dépasser. Inutile de se demander si c'est l'ailier qui fait le joueur de centre, ou vice-versa. On se souvient que Bernard Geoffrion et Jean Béliveau avaient l'habitude, terrifiante pour l'adversaire, mais délicieuse pour les partisans, d'intervertir leurs rôles; pas leurs postes: leurs rôles. En 1958-59, l'année où Boum-Boum, blessé, a manqué un grand nombre de parties, c'est Jean qui menait chez les compteurs, avec quarante-cinq buts, puis, en 1960-61, quand Boum-Boum est devenu le deuxième joueur à compter cinquante buts en une saison, c'est Jean qui menait dans le domaine des aides. Chez eux, la compétition faisait place à l'émulation.

Et l'histoire continue à se répéter: Béliveau commence à jouer avec Cournoyer; au bout d'une ou deux saisons, ce dernier fait des jeux qu'on ne lui avait jamais vu faire. Cette saison, Yvan était tout fier de sa réputation grandissante de fabricant de jeux. "Tout le monde veut jouer avec Jean."

Chez les ailiers gauches, la situation est la même; parmi ceux qui ont joué à ses côtés, on relève Bert Olmstead, Marcel Bonin, Gilles Tremblay, Dick Duff et John Ferguson. A chacun des noms, on se dit tout de suite: "Lui, il va bien à Béliveau; c'est comme les deux doigts de la main." Mais à la réflexion, on se rend compte que chacun a son style particulier: Bonin, ce n'est pas un grand compteur, mais dans les coins, il n'a peur de rien, et . . . essayez de lui enlever la rondelle; Olmstead, c'est un général sur la glace, un homme mûr, un meneur naturel dont Jean et Boum-Boum pouvaient recevoir les ordres avec plaisir; Gilles, c'est la vitesse étourdissante et le don de capter une passe à la ligne bleue à pleine vapeur; Dick Duff, lui, c'est la façon dont il se dirige sur le joueur de défense; en grande forme, il est imbattable. Enfin, Ferguson a tellement changé, depuis ses débuts, qu'on ne le reconnaît plus.

Si vous aviez prédit, il y a cinq ans, qu'un jour, John Ferguson compterait vingt-neuf buts en une saison, même le plus chaud partisan ne vous aurait pas pris au sérieux: "Un gendarme, un boxeur, un batailleur, d'accord; mais un compteur, non." Et pourtant, en 1968-69, il en a compté vingt-neuf, dont vingt dans la deuxième moitié de la saison.

"Tu sais, le but que j'ai compté en surtemps, me dit Jean, celui qui a terminé la série contre Boston? C'est Fergy qui avait commencé le jeu; c'est lui qui, en pourchassant Awrey dans le coin, l'a forcé à se défaire de la rondelle trop tôt. Claude s'en est emparé, et ça a été le point final."

Regardez les photos de ce but: vous verrez Fergy au coin du but, prêt à capter le rebond . . . au cas où il y en aurait eu un. Il est exactement au bon poste, quoique bien peu de gens voient en lui un joueur de position; et pourtant, chose étrange, il est en train de le devenir.

"Regardez les mises au jeu dans les cercles, en territoire adverse: au moment où l'on prend son poste, qui vient me parler? Fergy. Il est tout d'une pièce, mais ce n'est pas un fou; en fait, il a même tendance à être anxieux, lors des mises au jeu. Il me demande où je veux qu'il se place, et c'est là qu'il va; celà nous a valu bien des buts. Je me souviens d'un but que nous avons compté la saison dernière, juste après une entente de ce genre. Nous avions remarqué que, tout le long de la partie, dès une mise au jeu, le joueur de défense gauche se ruait vers la pointe pour bloquer le lancer; moi, j'avais passé à la pointe toute la soirée; alors, Fergy et moi, on s'est concertés, et quand la rondelle est tombée, il a laissé passer le joueur de éfense, puis il a avancé d'une couple pieds; nous avons compté. Il commence à compter du revers, et ça, c'est le signe d'un joueur flexible.

Quand je dis qu'il est anxieux, je veux dire que chaque joueur se sent moins à l'aise sur un point précis de son jeu: ce peut être son lancer, son patinage à reculons ou encore, sa mise en échec. Quand je joue avec Fergy et Yvan, c'est Fergy qui va derrière le filet, faire l'échec avant. Il aime ça, leur gâter la sauce. Un de ses jeux favoris consiste à filer, de gauche à droite, vers le coin du joueur défense gauche, quand l'adversaire essaie d'en sortir la rondelle; c'est un jeu que vous le verrez faire souvent; ça les jette hors d'équilibre. Ca veut dire qu'il faut que je m'occupe de son opposant et de l'allée de gauche en général. Maintenant que je sais qu'il va y aller, je me tiens à l'arrière. Avec Yvan, c'est tout le contraire. A son arrivée chez nous, il patinait, il lançait, mais il ne faisait pas de mise en échec, alors, Toe ne le laissait pas jouer régulièrement.

Quand la foule criait: 'On veut Cournoyer! ' Toe faisait la sourde oreille. Maintenant, Yvan voit tellement le besoin de mettre en échec, qu'il hésite à s'avancer, préférant attendre, à droite, que son opposant commence à sortir. Comme je suis sûr qu'il ne lui échappera pas, je peux m'occuper du corridor de John. Ca équilibre bien notre jeu: si les *deux* ailiers s'avançaient trop loin, ça m'obligerait à couvrir tout la largeur de la glace, si jamais ils étaient pris en défaut.

Les autres ailiers ne jouent pas tous de la même manière que John. Prenez Bert Olmstead: quand il jouait avec Boum-Boum et moi, c'était lui, le meneur. Plus âgé et peut-être plus dur que nous, il n'admettait pas de bêtises. S'il avait le malheur de me rencontrer dans le coin gauche, il grondait: 'Qu'est-ce que tu fais ici? Décolle, tout de suite! ' Il ne voulait pas me voir dans son chemin. 'Va-t-en devant le but', me disait-il, et j'y allais, parce que, quand il s'agissait de s'emparer de la rondelle, il n'avait pas son égal, sans compter que si j'étais posté au bon endroit, sa passe était parfaite.

Il était perfectionniste, mais sans être haïssable. Je comprends qu'il ait eu des difficultés comme instructeur — il n'a fait qu'un an, à Oakland — mais ce n'est pas qu'il soit haïssable, c'est qu'il en demande trop à ses joueurs, ou, du moins, trop à leur goût. Bert m'a toujours fait donner le meilleur de moi-même; il m'a fait faire des choses que je n'aurais jamais faites de moi-même. Il ferait un fameux instructeur s'il se contentait d'enseigner par l'exemple.

Je ne demande pas mieux que de faire aux autres ce que Bert a fait pour moi. Il avait un langage plutôt vert, mais on apprenait vite. Et vous auriez dû voir ses passes. Un autre fameux pour ses passes au centre, c'était Marcel Bonin, un ailier gauche bien différent de Bert, plutôt du genre de Fergy, sans avoir tout à fait sa taille ni sa force. Dans les coins, impossible de lui faire peur. Quatre fois sur cinq, il en sortait avec la rondelle. Tenez, voici une autre de ces parentés dont nous parlions. J'ai joué avec Marcel chez les As, avant qu'il aille passer quatre ou cinq ans à Détroit, pour revenir ensuite chez nous. A son retour, c'est comme s'il ne nous avait jamais quittés: il me fabriquait de ces jeux, et c'était un dur de dur. Je pense que ça aide, d'avoir joué avec un joueur chez les amateurs, avant de faire le saut dans la L.N.H. Des fois, ça aide même d'avoir joué avec son frère!

Après avoir joué aux côtés de Ludger Tremblay, chez les As, pendant une saison, j'aurais pu prédire comment Gilles jouerait, sans même le voir. Ludger a au moins une quinzaine d'années de

144

plus que Gilles, mais ils sont du même genre; ils ont autant de force physique l'un que l'autre. Ludger était plus court que Gilles, mais il était peut-être plus large d'épaules et patinait presque aussi bien. De tous les ailiers gauches avec qui j'ai joué, c'est Gilles Tremblay qui était le plus rapide, et dans les deux directions.

Il a autant de talent naturel, à cette position, que n'importe qui. Si l'on parle strictement de style de jeu à l'aile gauche, c'est-à-dire d'échec arrière, de jeu de position et de contrôle de la rondelle, Gilles ne le cède qu'à Bobby Hull, et encore, Bobby se déplace; il joue plutôt comme un joueur de centre que comme un ailier. Vous vous souvenez de la première année de Gilles dans la ligue, les journaux avaient rapporté que Toe n'échangerait pas Gilles, même contre Mahovlich. Je le comprends, maintenant, parce que Gilles est rapide comme pas un, qu'il excelle à la mise en échec et qu'il ne quitte jamais son poste. Il obtient un nombre incalculable de lancers. Demandez à Ron Ellis ou à Gordie Howe ce qu'ils pensent de Gilles.

Il a été bien malchanceux: des blessures à la tête, une fracture à la jambe, et puis, la saison dernière, ce virus. Mais je suis sûr qu'il va retrouver sa forme des beaux jours; en pleine forme, il est imbattable. Avant ses absences répétées, nous étions compagnons de chambre. Ça l'ennuyait, de se faire changer de ligne; alors, je l'encourageais, je lui disais qu'on se retrouverait avant longtemps. J'espère bien qu'il se rétablira complètement: il a eu plus que sa part de malchance.

Nos jeux s'accordent bien aussi. Son jeu préféré, c'est l'échappée à partir de la ligne bleue. Il arrive en trombe le long de la rampe, et c'est à la ligne qu'il faut que ma passe lui arrive, parce qu'après cela, personne ne va réussir à le rejoindre. Malheureusement, ses longues absences lui font perdre ce synchronisme qui est son principal atout."

L'échappée, qu'elle soit faite par Cournoyer, Gilles Tremblay ou le Rocket, voilà l'arme favorite des Canadiens. Il est plutôt difficile à un joueur venu d'une autre équipe de s'adapter à ce genre de jeu. "Prenez Dick Duff, par exemple: voilà un autre grand ailier gauche. Quand on l'a échangé aux Rangers, il avait joué presque neuf saisons à Toronto, ce qui veut dire qu'il jouait leur genre de jeu sur toute la ligne. Il était arrivé là à dix-neuf ans, après un séjour chez les juniors, à Saint Michael's College, à Toronto. Il avait certainement leur style dans le sang, parce qu'il n'a jamais pu s'adapter à celui de New-York, où rien n'était pareil: ni la patinoire, ni le style, ni même la foule. C'est alors, que Gilles Tremblay s'est fracturé la jambe, et c'est à ce moment-là que nous avons obtenu Dick contre Bill Hicke, dans un échange qui devait se

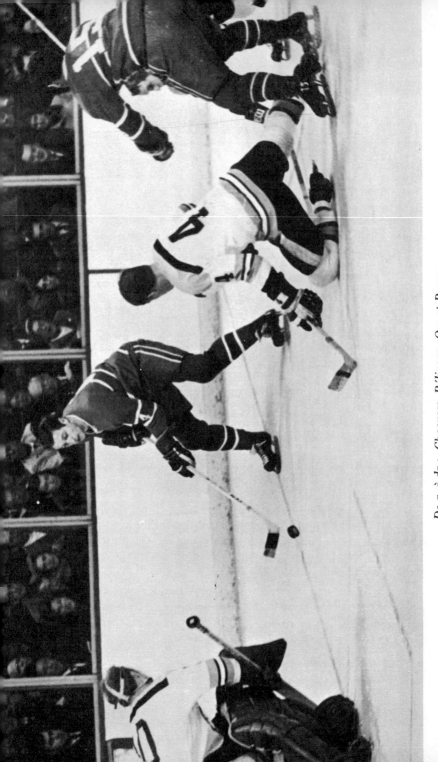

De g. à dr.: Cheevers, Béliveau, Orr et Rousseau.

révéler profitable aux deux joueurs en cause: Duffy est encore dans nos rangs, tandis que Bill est devenu une étoile du Oakland.

Bill, chez les Canadiens, avait à concurrencer Boum-Boum, Bobby Rousseau et Claude Provost, à l'aile droite. Et puis, en 1964-65, quand Cournoyer a commencé à se mettre en évidence, Billy n'avait plus l'occasion de jouer souvent; l'échange lui a rendu service. En voilà, un joueur qui se répétait trop souvent: quand je pense à lui, je me le représente qui fonce dans le coin droit, et qui y reste pris. Il avait toutes les difficultés du monde à amener la rondelle devant le but, chez nous, et voilà qu'à Oakland, c'est un solide joueur de première ligne, pendant que Duff, lui, a marqué quatre-vingt-dix buts, chez nous, sans compter ceux des éliminatoires. A son arrivée de chez les Rangers, il n'avait pas sa pleine forme, mais aujourd'hui, on dirait qu'il a toujours joué pour les Canadiens. Il s'entend à merveille avec Cournoyer et moi. Vous l'avez vu, en finale, contre Saint-Louis? A le voir manier la rondelle, surtout avec Cournoyer, on aurait dit que nous avions toujours joué ensemble. Il est intelligent, rusé, et robuste: nous sommes chanceux de l'avoir.

Il est parfois inégal. Dans ses mauvais moments, il peut en avoir pour cinq ou six parties à être déprimé, à jouer un jeu capricieux, mais s'il se met à compter, il compte les buts par poignées et devient très difficile à mettre en échec. Quand il traverse la ligne bleue, à une dizaine de pieds de la rampe gauche, tout le monde, même le joueur de défense droit, sait à quoi s'attendre: il se passe la rondelle à lui-même. C'est un truc à lui tout seul: il la pousse sous le bâton du joueur de défense, parfois même entre ses jambes, pour ensuite la récupérer en le contournant. Huit fois sur dix, il se dirige vers l'extérieur, mais il va au centre juste assez souvent pour inquiéter l'adversaire, qui ne sait jamais de quel côté il va se tourner. Ca me fait rire, de le voir jouer ce tour-là à Tim Horton.

Ca fait penser au grand frère dont le petit frère a grandi tout d'un coup. Venus tous deux du nord de l'Ontario, ils ont joué leur hockey junior à Saint Michael's. Quand Dick est passé aux Leafs, Timmy y était déjà depuis six ans et était en passe de devenir une étoile. Ils y ont joué neuf ans ensemble. Ils sont comme des frères. J'ai déjà vu Dick se préparer à contourner Tim, qui le regardait droit dans les yeux, le voyant parfaitement venir, mais bien décidé à ne pas le bousculer. Une fois, Dick, après avoir poussé la rondelle entre les jambes de Tim, est allé la reprendre; vous auriez dû voir la tête de Tim! C'est le genre de hockey que j'aime: Tim Horton est assez fort pour se dispenser de prouver sa force.

La bousculade, ce n'est pas mon fort. Cette année, il y a eu un accident, à New-York, où Phil Goyette est tombé dans un coin, près du filet des siens, et où on m'a infligé une pénalité pour avoir dardé, au moment où j'étais déjà rendu au milieu de la glace. Je n'ai jamais dardé personne de ma vie, je pense que c'est l'arbitre qui s'est trompé. Darder, jouer du bâton, ce sont là des singeries qui n'ont pas leur place au hockey. Et le faire à Phil Goyette, par-dessus le marché! C'est impensable. Je ne sais pas au juste ce qui s'est passé; il s'est certainement blessé à l'abdomen, mais je me demande s'il ne s'est pas blessé avec son propre bâton. Dans mes seize saisons dans la L.N.H., je ne me souviens pas avoir jamais dardé. D'accord, je me fais pénaliser, comme tout le monde: dans un sport où il y a autant de contact, il y aura toujours de la rudesse. Mais darder, non; jouer du bâton, non.

Il m'est arrivé une couple fois de me bagarrer. A mes débuts dans la ligue, on m'avait à l'oeil, et ça n'a pas changé depuis, mais ce n'est pas une raison pour être brutal. Il m'arrive, comme je vous le disais, de soulever, de retenir ou de repousser le bâton du joueur de défense, en le contournant. Les arbitres ferment les yeux sur des tas d'infractions mineures, parce que, s'ils les relevaient toutes, on ne pourrait plus jouer.

Vous seriez surpris de voir comme le jeu est propre, devant le filet. J'ai souvent pour tâche d'y attirer deux joueurs de défense à moi, et si ce sont Smith et Orr, on peut s'attendre à du contact, mais il s'agit de mise en échec légale, et non de bousculade. Je peux me retrouver par terre, mais pendant ce temps-là, Yvan ou Fergy ou Dick peut en glisser une dans le coin, près du poteau du but. Ils sont rares, les joueurs de défense qui essaient de vous blesser.

On m'a blessé volontairement une seule fois; c'était pendant les éliminatoires contre Chicago, à la fin de la saison 1960-61. Dollard Saint-Laurent, qui jouait alors pour les Hawks, m'avait servi une mise en échec le long de la rampe, une mise en échec dure, mais parfaitement légale, et l'autre joueur de défense, dont je tairai le nom, a quitté son poste (sans aucune raison, puisque j'étais hors combat) pour se ruer sur moi tête baissée, m'envoyant la tête donner violemment contre la glace. Si je m'en souviens, c'est parce qu'il s'agissait d'un geste idiot, comme on n'en voit presque jamais. J'aime tellement donner du fil à retordre aux joueurs de défense, qu'ils ont peut-être autant de plaisir à me rendre la pareille."

Richard et Ferguson, Gilles Tremblay et Bert Olmstead, Cournoyer et Provost, voilà des joueurs dont le style diffère autant que faire se peut. Horton, Orr, Dallas Smith, les joueurs de défense adverses, aiment tous jouer avec Béliveau, parce qu'il joue du

Ted Green (6), Dick Duff (8).

hockey fondamental, du hockey idéal, le genre de jeu de centre qui fait paraître tous les joueurs à leur avantage, même les adversaires.

Dick Duff a le mot juste: "Tout le monde veut jouer avec Jean."

6

Le style est l'homme même

Vers la fin du printemps, un dimanche matin de juin, nous avons pu disposer de la patinoire de l'Arena de Ville-Mont-Royal pour une période de temps ininterrompue. Il s'agissait d'observer, de la glace, les diverses phases du patinage et du jeu de Jean. Gerry Patterson, son conseiller financier, devait nous servir d'arbitre. Voir Jean en spectateur, même d'une loge, ne donne pas du tout la même impression que de jouer avec lui.

Comme nous n'avions ni uniformes, ni équipement, nous préparer fut l'affaire d'un instant. Pour patiner, je porte habituellement, par-dessus des bas légers, une paire de gros bas de laine; je demandai à Jean ce qu'il portait, lui.

"Une seule paire: des bas de coton. N'oubliez pas qu'il y a aussi les bas d'uniforme qui, sans avoir un pied complet, ont une lisière qui passe sous le pied et qui aide à remplir le patin. J'aime que mes patins m'aillent aussi bien qu'une bonne paire de souliers; j'aime un patin confortable, flexible, qui ne soit pas bourré de laine."

Ses patins lacés, il se leva et je remarquai qu'il lui fallait se pencher pour franchir la porte du vestiaire. C'est que les patins ajoutent deux pouces à sa taille de six pieds trois. Même sans son équipement, il vous impressionne, sur la glace, par sa taille et sa rapidité. Avec ses épaulières et ses coudes, venant sur vous à fond de train, il doit inspirer un certain respect.

Je laçais mes patins bien serrés, me demandant si je ne devais pas essayer de me passer de la deuxième paire de bas; mais je me ravisai à la pensée qu'il me faudrait alors acheter une paire de patins d'une demi-pointure plus courte. Jean en use peut-être trois ou quatre paires par année, mais moi, je garde les mêmes indéfiniment: il faut croire que je m'en sers moins. Je comprends quand même qu'il tienne à porter des patins bien ajustés: on jurerait qu'ils ne font qu'un avec ses pieds. A mon arrivée sur la glace, il patinait déjà, à la façon détendue d'un patineur du dimanche. Il s'y plaisait énormément, c'était évident. Même l'analyste averti du hockey ne songe pas toujours au pur contentement que procure le patinage; il est d'autres sports, en effet, qui demandent tant d'effort intense, douloureux, concentré (bien souvent, parce que le mouvement exigé n'est pas naturel), que le plaisir y vient surtout de l'élément de compétition, tandis que le hockey repose sur une activité physique qui est un plaisir en soi, comme on s'en rend compte à observer Jean. Il patine parce qu'il adore ça, tout simplement, et il le fait aussi souvent que possible, même après vingt ans de hockey. Le regarder faire est une vraie fête pour les yeux.

Au début, au lieu de faire des gestes de hockeyeur, il patinait d'avant, puis à reculons, s'étirait les jambes; à le voir évoluer, je songeais qu'il aurait pu exceller au patinage artistique, s'il n'était pas devenu joueur de hockey. L'absence du bâton change tout le rythme du patinage, au point que bien des joueurs y perdent leur élégance et leur équilibre. Jean, lui, avait encore plus d'élégance et de style sans son bâton, si la chose est possible. Mais la chose qui m'a frappé, c'est le plaisir qu'il prenait à patiner, tout simplement.

Comme je n'avais pas patiné depuis le début d'avril, je me dépêchai de suggérer quelques tours de patinoire, histoire de nous réchauffer; au fond, ça me donnerait la chance de me calmer, et surtout, d'observer Jean. Même vus d'une loge, lorsqu'ils se réchauffent, avant une partie, les joueurs n'ont pas l'air de se forcer trop: ils ont plutôt l'air de se dérouiller, sans trop se presser.

Mais ne vous y laissez pas prendre. Moi-même, je prétends être un assez rapide patineur, pour un homme dans la quarantaine qui n'est pas un professionnel et qui est en condition physique raisonnable: après une quarantaine de minutes d'exercice, j'arrive à patiner relativement vite. J'ai bien dit *relativement*.

Je me suis vite rendu compte que Jean patinait plus vite à reculons que moi en avant. Ce n'est pas que nous soyons des patineurs au même sens du mot. Je lui ai d'abord demandé d'y aller de façon détendue, de droite à gauche, c'est-à-dire dans son sens préféré; il se tenait presque droit.

"Je pensais, lui fis-je remarquer, que tu te penchais beaucoup

plus que ça.

— Non, pas au commencement de l'exercice. Tiens, c'est comme ça qu'on commence."

Il y allait à foulées plutôt courtes, fléchisssant légèrement les genoux et faisant des mouvements de la cuisse et du genou à la fois, comme pour la marche.

"Y aller tout de suite à fond de train, me dit-il, c'est risquer l'élongation d'un muscle de l'aine ou du mollet. Il ne faut pas, non plus, trop forcer ses genoux, au début: ce sont eux qui donnent le plus d'ennuis aux joueurs de hockey. J'aime y aller lentement, en me tenant droit, au début. En fait, aux premiers jours d'entraînement, me pencher pour patiner vite me donne souvent mal aux reins.

— Il me semble que tu as l'habitude de patiner bien penché, la tête et les épaules en avant.

— Bien sûr, mais pas trop, parce que ça peut couper le souffle. Trop replié, on s'essouffle beaucoup plus vite que droit. Alors pour les premières minutes, on patine comme ceci, sans trop forcer.

— Où prends-tu la puissance de ta foulée: dans ces gros faisceaux de muscles à l'arrière de la jambe?

— La poussée vient de là, mais il y a aussi un mouvement du genou, une espèce de coup de pied, qui l'accompagne. Ce qui donne la puissance, c'est la poussée aidée de la rapidité que fournissent les genoux et les muscles qui sont à l'avant de la jambe, tout juste au-dessus des genoux. Je t'avais parlé des gros muscles qu'a Yvan Cournoyer, juste à cet endroit-là; je pense que c'est là qu'il prend sa rapidité. La rapidité de cette flexion du genou, accompagnée du coup de pied, compte encore plus que la force de la poussée."

Il accéléra un peu; je suais déjà à essayer de le suivre. "OK, Jean, lui dis-je, vas-y! "

Parti!

J'avais beau y aller à fond de train, la distance qui nous séparait allait s'agrandissant; sa vitesse en vint à doubler la mienne: on aurait dit qu'il venait de presser un bouton. Il avait simplement incliné sa cage thoracique, il s'était penché un peu, puis il m'avait planté là. Ca m'a rappelé une transmission automatique qui change de vitesse: un petit effort, un léger coup, et c'est fait. Au moment où Jean est passé de la vitesse d'exercice à celle du jeu (mais sans jamais pousser à fond), il y eut dans la *qualité* de son mouvement, ce changement qui distingue le professionnel du modeste amateur. La différence n'est pas simplement dans le degré; si ce que Jean fait, c'est du patinage, je ne suis pas un patineur.

Nous avions commencé dans le sens inverse des aiguilles de l'horloge, son sens préféré, mais pas le mien. J'avais remarqué qu'il se penchait beaucoup plus que moi, en tournant, ce qui lui permettait de faire des angles beaucoup plus aigus. Ca me prenait quatre ou cinq foulées de plus pour tourner un coin. Quand nous nous sommes mis à tourner dans mon sens à moi, j'ai pu me rapprocher de ses angles de virage, mais sans pouvoir épargner une foulée. Pendant que je me débattais en gestes inutiles, il tournait ses coins avec souplesse en trois ou quatre foulées, chacune beaucoup plus longue que les miennes. Ses virages plus prononcés lui permettaient d'aller plus à fond dans les coins et sa maîtrise, son équilibre et son aisance, d'accorder toute son attention à ce qui se passait dans le moindre recoin.

Le patineur ordinaire a toujours à se rappeler qu'il évolue sur une surface glissante, où il peut facilement tomber, mais tel ne semble pas être le cas de Jean: perdre l'équilibre lui semble impossible, tant il a l'habitude.

Et cela vaut tout autant pour son patinage à reculons. Une fois réchauffé, il se mit à me montrer d'autres aspects de son style. Il patinait, alternativement, en avant et à reculons. Je remarquai qu'en changeant de direction, il appuyait toujours sur le pied gauche.

"Tu fais toujours ça?

—C'est instinctif, quand je ne suis pas au jeu, et je pense qu'au jeu, j'appuie toujours sur le pied gauche pour passer à la marche arrière; mais l'inverse, il faut être capable de le faire sur l'un ou l'autre pied. Penses-y bien: si tu fais de l'échec avant devant le filet et que le porteur de la rondelle arrive à ta droite, c'est de ce côté qu'il faut tourner, instinctivement ou non. J'imagine que tout le monde a son côté favori, et ce n'est un secret pour personne que je tourne plus facilement en portant mon poids à gauche.

— Au jeu, est-ce que cela peut faire une différence?

— Je pense que oui. On tâche toujours de profiter des faiblesses des joueurs, bien qu'elles ne soient pas toujours faciles à déceler; mais ce n'est pas comme au baseball, où chaque joueur a son dossier, ce qui permet au lanceur et au receveur de profiter des defauts du frappeur. Il m'arrive, face à un joueur de défense, de me rappeler son côté faible et d'essayer d'y aller, si la position de mes ailiers me le permet.

— Pouvoir passer vite à la marche arrière, c'est important, n'est-ce-pas?

— Oui, il faut qu'un joueur de défense puisse le faire sans même y penser; il lui arrive souvent de reculer à pleine vitesse, sans même se rappeler ce qui l'a amené à le faire.

— Pourrais-tu le faire toi-même? "

Il partit à reculons, croisant un pied derrière l'autre d'un mouvement rapide, puis, passant au style du joueur de défense, il se replia, se balançant d'une hanche à l'autre, et c'est alors que je me rendis compte à quel point sa marche arrière était supérieure à ma marche avant. Il n'avait même pas besoin de regarder derrière lui, tant il semblait connaître les dimensions exactes de la patinoire.

"Ce que je vois devant moi, me dit-il, me permet de juger ce qu'il reste d'espace derrière, sans compter qu'on sait où les autres joueurs sont censés se trouver; au cours d'une partie, on peut reculer assez librement.

— C'est ce que tu fais quand tu pratiques l'échec avant?

— Pas souvent. Mais le joueur de défense, lui, patine presque aussi souvent à reculons qu'en avant; c'est beaucoup plus important pour lui que pour l'ailier ou le joueur de centre.

De le voir virevolter ainsi à pleine vitesse, tout en me parlant, cela commençait à m'étourdir. "On ne pourrait pas s'arrêter une minute? suppliai-je. Montre-moi comment arrêter: ça pourra me servir tout de suite."

Ses patins soulevèrent un panache de glace, dans un geste que je n'avais jamais observé, probablement parce que je ne l'avais jamais vu patiner de cette distance. Pour freiner en marche avant, la plupart des patineurs ordinaires tournent les genoux à gauche ou à droite, pour que la position parallèle des deux patins leur permette de freiner avec une égale force. Cet arrêt total les oblige à faire un deuxième mouvement pour se remettre en marche. Mais pas Jean. Chez lui, c'est le pied arrière, presque toujours le gauche, qui fait le freinage. Il fait bercer la lame de la pointe au talon, presque en un pas de danse, pendant que son pied avant effleure à peine la glace. La fin de ce mouvement le retrouve en équilibre, prêt à prendre une nouvelle direction, sans aucun temps mort. La pause est si brève, que le mouvement a plutôt l'air d'un balancement que d'un freinage brusque. Au terme de la manoeuvre, le bercement du patin arrière soulève son poids comme s'il sautait d'un tremplin. C'est que le jeu le veut ainsi: aucun temps mort entre l'arrêt et le départ, mais un fondu des deux mouvements.

"Ca vient surtout du pied arrière, me dit Jean, tandis que l'autre sert plutôt de gouvernail, de guide. Bien souvent, on ne fait pas un seul arrêt complet, d'un coup de sifflet à l'autre.

— J'ai fait ça de travers toute ma vie, lui dis-je.

— Non, tu l'as, si c'est un arrêt complet que tu veux faire, mais la plupart du temps, il faut repartir tout de suite dans une nouvelle direction; alors, il s'agit de démarrer tout de suite."

Je le regardai répéter le geste: le bercement, le balancement, tout cela se faisait avec une grâce extrême.

"S'arrêter tout à fait, puis repartir, c'est un bon exercice, me dit-il; je ne le fais pas juste avant la partie, mais le faire pendant les exercices me donne de l'haleine. Un autre exercice que je fais souvent, c'est de patiner d'abord juste assez vite pour me réchauffer, puis, une fois rendu à la ligne bleue, d'y aller à fond de train jusqu'à l'autre ligne bleue; là je ralentis, je vire, puis je fonce d'une ligne bleue à l'autre. Cela simule très bien la réalité du jeu, où l'on passe son temps à changer de vitesse sans même y penser. Et ce changement de vitesse, il faut le faire sans l'annoncer, si l'on veut prendre son opposant par surprise. Surveille-moi bien."

Il fit une couple de tours de patinoire, changeant de vitesse aux lignes bleues; son style était d'une étonnante fluidité: il s'approchait de la ligne, sans effort apparent, puis son corps tout entier se lançait comme un bolide, sans crier gare.

"C'est un excellent exercice, me dit-il à son retour. Je pense que c'est le Rocket qui avait le meilleur changement de vitesse que j'aie jamais vu. On le pensait rendu à sa limite, puis, tout à coup, il franchissait la ligne bleue à une telle vitesse, qu'on ne le reconnaissait plus. Il s'agit de pouvoir le faire sans même y penser."

Ce qui rend son style si remarquable, c'est ce qu'il a de naturel et d'inconscient: son allure, son équilibre, tout son corps s'adapte aux besoins du moment, sans aucun effort. Certains de ses prodiges de dextérité peuvent n'être perçus que de très près; la mise au jeu, par exemple, vue des gradins, peut paraître une simple opération, dont même un joueur médiocre peut s'acquitter aussi bien que Jean. Illusion.

Confiant à Gerry Patterson la tâche de laisser tomber la rondelle, nous avons fait ensemble une dizaine de mises au jeu. Au moment de la mise au jeu, les centres gardent leur bâton vers le centre du rond rouge, le bout de la lame aussi près que possible du bord de ce rond; on sait qu'il est interdit de poser la lame dans le rond tant que la rondelle n'y est pas tombée. Le joueur de grande classe y pousse sa lame comme celle d'un couteau; Jean le fait avec une rapidité incroyable: la rondelle n'est pas aussitôt tombée, qu'elle est rendue à vingt pieds de là, exactement à l'endroit voulu. J'en suis demeuré littéralement abasourdi; cela m'a permis de comprendre comment Yvan Cournoyer a pu compter un but crucial contre les Rangers, à peine *six secondes* après une mise au jeu faite de l'autre côté de leur ligne bleue.

La meilleure façon de décrire ce mouvement du bâton de Jean, à la mise au jeu, ce serait de le comparer à celui de la langue d'une couleuvre attrapant un insecte d'un mouvement si rapide, qu'on a peine à le distinguer. C'est ainsi que Jean manie son bâton; cela demande des poignets d'une force et d'une sensibilité extrêmes, car en plus de capter la rondelle, il la renvoie exactement où il veut. A plusieurs de nos essais, il l'a renvoyée à la pointe, à sa gauche; je n'ai jamais pu comprendre comment il s'y prenait. J'avais beau le guetter, impossible de déceler le mouvement de lame qui poussait la rondelle derrière lui, et pourtant, c'est bien là qu'elle aboutissait; non, c'était trop rapide pour moi; je n'ai jamais eu le dessus sur lui, non plus.

L'oeil ne réussit pas à suivre le mouvement de ses poignets et de sa lame. A chaque essai, Jean annonçait son jeu: "Aile gauche. Pointe. Devant le filet. Tir au filet." Et c'est exactement là que la rondelle allait: pas à un pied de là, mais *exactement* là, comme le fait un champion au billard. Le mouvement du poignet et du bras, en effet, doit avoir cette délicatesse et cette précision que demande le maniement expert d'une queue de billard. C'est là, je crois, ce qui m'a le plus frappé, lors de notre exercice. Vu les vigt-cinq ans d'expérience de Jean, je m'attendais à voir un as de la mise au jeu, mais je n'aurais pas cru que sa technique dépasserait de si loin tout ce que je pouvais réaliser moi-même à force de concentration.

Une fois en place, j'attendais, tout yeux et tout oreilles, la chute de la rondelle, à demi sourd à la voix de Gerry Patterson.

"Prêts, les gars? "

La rondelle tombait; j'y allais de mon plus rapide coup de poignet; peine perdue: elle était déjà rendue à la ligne bleue, là où serait le joueur de pointe. Gerry et Jean me jetaient un petit sourire qui me tirait de ma concentration: "Je n'ai rien vu", avouais-je.

Pour le jeu de passe, c'était la même chose. Les joueurs des ligues domestiques ou des ligues mineures font un petit exercice qui consiste à se tenir à dix pieds de distance l'un de l'autre, puis à se passer la rondelle tout en s'éloignant graduellement, tâchant que la passe soit le plus précise et le plus exacte possible, sans que la rondelle quitte la surface. Il s'agit d'y aller d'un bon mouvement des poignets qui donne de la vie à la rondelle et l'envoie exactement sur la lame de l'autre. On peut s'exercer à capter la rondelle, au retour, en inclinant légèrement la lame dessus; il s'agit de ne pas lui laisser faire un bond ni un ricochet qui pourrait en faire perdre la maîtrise. Dans ces conditions, on peut arriver à beaucoup plus de précision qu'au jeu, sans compter que c'est amusant et que ça développe les poignets.

Quand j'ai fait cet exercice avec Jean, j'y ai obtenu plus de succès que lors des mises au jeu, sans doute parce que le personnel de l'Arena nous avait préparé une surface parfaite, où la rondelle ne risquait pas de ricocher dans des fissures ou sur des éclats de

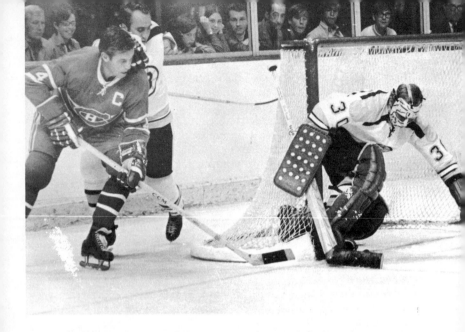

Photo du haut: Gerry Cheevers arrête la rondelle alors que Gary Doak poursuit Jean Béliveau qui surgit de derrière le filet. Photo du bas: Gary Doak essaie de s'en emparer mais Cheevers se précipite et Tom Webster arrive pour écarter Jean.

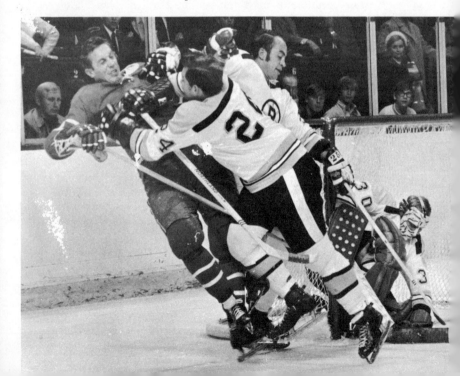

glace. Cela me permettait de manier la rondelle mieux qu'à l'accoutumée, mais sans pour autant me hisser au niveau de Jean, loin de là. Ses passes étaient magnifiques de force et de précision. C'est surtout leur force qui m'a frappé; une passe faite au hasard d'un exercice avec des copains peut arriver avec assez de force, mais on n'en ressent pas le choc jusque dans les épaules, comme lorsqu'elle vient de Jean. Il était là, en pleine lumière, à vingt pieds de moi, mais je ne pouvais déceler ce qu'il faisait de particulier. Et pourtant, il devait y avoir quelque chose, car la rondelle m'arrivait avec autant de précision qu'à la mise au jeu. Je n'avais même pas besoin de bouger ma lame: la rondelle arrivait dessus comme attirée par un aimant, tel le yo-yo au doigt qui tient la ficelle. Même si je bougeais après que Jean eut lâché la rondelle, elle arrivait *quand même,* je vous le jure, à l'avant de ma lame, juste au bon endroit. J'en retirais une impression de confort et d'assurance; et puis, tout à coup, j'ai compris: comme bien des joueurs avant moi, il me faisait paraître à mon avantage, et je le sentais. J'ai compris pourquoi Dick Duff dit que tout le monde veut jouer avec Jean. Moi qui ne suis pas bon joueur de hockey, j'ai pu, grâce à lui, bien exécuter ce jeu simple. La rondelle arrivait au bon endroit, sans que je la perde, sans rebondir par-dessus mon bâton. Et pourtant, elle arrivait avec force, repoussant ma lame et me faisant courir un choc dans les doigts, dans les avant-bras et même jusqu'aux épaules; comme on dit au baseball, il en mettait.

Quand nous avons essayé de faire des passes en mouvement, ce fut la même chose. Comme je suis droitier, j'ai demandé à Jean de m'en faire quelques-unes au moment où j'obliquais à droite. Il se plaça à gauche, juste à l'extérieur de la zone défensive; prenant un élan, je patinai de toutes mes forces à la droite, tout en gardant mon bâton loin devant moi comme cible. Uniquement préoccupé de ma vitesse, je n'attendais pas l'arrivée de la rondelle, comme un bon joueur doit le faire, mais à tout coup, elle arrivait quand même, sinon sur ma lame, du moins à l'endroit où elle se serait trouvée si je ne l'avais levée par manque d'équilibre ou si je n'avais dévié par suite de ma vitesse inhabituelle.

Quand c'est Cournoyer qui exécute ce jeu, Jean sait très bien qu'il ne fera pas ces erreurs et que son bâton se trouvera exactement au point voulu, tandis qu'avec un modeste amateur, il n'en sera jamais sûr. Malgré tout, la rondelle arrivait toujours à ma portée, à un endroit qui m'aurait permis de compléter le jeu, si j'avais eu la coordination voulue.

Ce jeu, nous l'avons essayé quatre fois. A la première tentative, je n'ai même pas attendu la passe, tant je m'attachais à patiner vite et bien à la fois, de sorte que la rondelle est allée rebondir contre

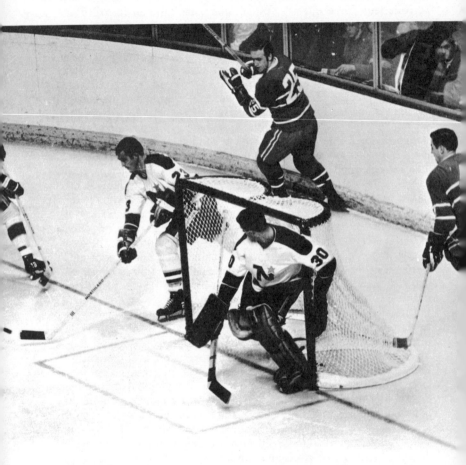

*De g. à dr.: Lou Nanne et Cesare Maniago (gardien) du Minnesota;
Jacques Lemaire et Jean Béliveau des Canadiens.*

la rampe droite; malgré tout, j'ai réussi à la capter au rebond.

"Pas mal, me cria Jean, mais il faut guetter la passe. Essayons une autre fois."

Je repris mon souffle un moment, puis je lui répondis, encore un peu essoufflé: "Ouais, j'ai passé proche." Un autre élan, puis je longeai à nouveau la rampe droite; cette fois-ci, la passe aboutit presque sur mes patins; Cournoyer, lui, l'aurait replacée d'un coup de pied, mais moi, je l'ai laissée rebondir.

"Tu patines un peu plus vite, me dit Jean; encore?

— Laisse-moi reprendre mon souffle. O.K., allons-y."

Nouvel élan, nouvelle course . . . J'étais assez habitué, cette fois, pour voir venir la rondelle, mais je suis allé la chercher derrière moi avec mon bâton; une fois de plus, elle m'a échappé, pour aller rebondir dans le coin.

"Pas besoin d'aller la chercher derrière toi, me dit Jean; si tu tournes la tête en l'attrapant, tu vas t'écraser contre le joueur de défense, que tu n'auras pas vu venir. Fie-toi à celui qui te fait la passe; ça te permettra de voir en même temps la rondelle et l'adversaire. Encore une fois."

"O.K." Elan, course, vite, vite, vite . . . cette fois, j'ai complété le jeu de façon acceptable, sinon parfaite: la rondelle est arrivée sur ma lame juste au point d'où je pouvais la relancer du poignet. "J'aime mieux lâcher pendant que ça va bien, dis-je à Jean; je n'aurais jamais cru que tu m'y ferais réussir, moi qui n'ai jamais bien capté une passe de ma vie.

— Ce n'est pas facile. Bien fait, ça peut le paraître; l'ailier semble déposer son bâton sur la rondelle sans briser son rythme ni celui du jeu. Il faut que lui et la rondelle, malgré leur vitesse, se rencontrent juste au bon endroit. Dans la L.N.H., il ne s'agit pas de passer proche: il faut viser juste. A ton premier essai, tu as pu prendre la rondelle au rebond, mais dans une partie, c'est le joueur de défense qui l'aurait attrapée, pour la refiler au centre. Il faut que la passe soit précise et bien reçue, si on ne veut pas voir la rondelle passer à l'adversaire.

— Si on se reposait, un moment? lui demandai-je, à bout de souffle; ensuite, si tu veux, je jouerai à la défense contre toi.

— D'accord." Comme on aurait pu s'y attendre, Jean, lui, n'était pas essoufflé du tout; en aucun moment, je n'avais mis ses talents à contribution. Je me pris à songer aux années '30, alors qu'avec les gamins du voisinage, il apprenait, dans sa cour, à maîtriser la rondelle. Gageons que quelques uns d'entre eux ressentaient la même chose que moi: pas de l'irritation, mais un étonnement mêlé d'admiration.

Nous sommes ensuite passés au jeu défensif, homme à homme.

Jean explique à l'auteur, Hugh Hood, quelques unes des subtilités du jeu.

(Jean devait, au cours de notre exercice, repasser tous les rôles, sauf celui du gardien.) Je jouais à gauche, puis à droite, et lui fonçait sur moi avec la rondelle. Je pense que c'était là, après la mise au jeu, l'aspect le plus révélateur de sa technique. Moi qui croyais que, Béliveau ou non, une mise au jeu était une mise au jeu et une feinte une feinte, j'ai dû vite déchanter.

Pour moi, une feinte, c'était une série de mouvements facilement distinguables: retombée de l'épaule, feinte dans une direction donnée, coup d'oeil à gauche ou à droite, petit jeu du bâton. Avec Jean, les gestes viennent si vite, qu'ils vous embrouillent au point de vous faire perdre la rondelle de vue. Ils sont d'un fondu incroyable. Quand j'entendais dire d'un joueur de défense qu'il s'empêtrait dans ses patins, je me disais qu'il s'agissait là d'une figure de style; erreur: c'est la vérité toute nue. Quand il fonçait sur moi, je le surveillais de tous mes yeux, comme lors des mises au jeu, et c'était là que commençait la comédie: six ou huit gestes différents *en moins de dix secondes,* et il se trouvait derrière moi. Le temps de prendre une décision et de partir, et je me rendais déjà compte de mon erreur; j'essayais alors de me corriger, pour me retrouver une jambe au nord, l'autre au sud; c'est alors que j'ai commencé à me sentir empêtré dans mes patins.

La première fois, je me suis dit que j'aurais dû essayer un crochet; alors, la fois suivante, de la main gauche, j'ai poussé mon bâton tout à fait à ma gauche, en me penchant pour couvrir le plus de terrain possible: il en a profité pour me pousser la rondelle entre les jambes.

"Si tu fais ça, me dit-il, rien ne m'empêche de pousser la rondelle là; sans compter que je sais que tu ne pourras pas me frapper.

— Ca, tu peux y compter, lui dis-je en riant.

— Autre chose: en reculant trop, tu bouches la vue à ton gardien. Il faut tâcher de compléter le jeu le plus près possible de ta ligne bleue. Tout le monde sait ça, mais ce n'est pas toujours facile.

— Il y a un autre jeu que je voudrais essayer; tu sais, le jeu où tu te penches sur le joueur de défense et où tu gardes la maîtrise de la rondelle de la main droite, en le contournant? Essayons ça.

— Tu veux que je me penche sur toi?

— Pas tout à fait: ça ne sera même pas nécessaire, mais je voudrais le voir de près.

— D'accord," me dit-il, l'air un peu sceptique, en retournant au centre pour faire sa montée.

On connaît bien les photos qui illustrent ce jeu: Jean y est incliné à gauche, le bras droit replié contre la poitrine, tandis que de l'autre il tient la rondelle tout à fait hors de la portée du joueur

De g. à dr.: Sawchuck, Béliveau, Rousseau (15) et Hillman

de défense. Mais la photo fige le mouvement, et je voulais voir comment le jeu apparaît à l'adversaire.

De le voir venir, ça m'a hypnotisé; je savais pourtant ce qu'il allait faire, et je songeais à faire un geste, mais chaussé de ses patins, Jean fait six pieds cinq pouces, et c'est plutôt désarmant de voir venir sur vous un pareil bolide. Me souvenant que j'avais femme et enfants, je me suis dit: "Ote-toi de là, tu vas te faire tuer." Il est arrivé sur moi comme dans les photos, penché à gauche, et je n'ai rien fait pour l'arrêter; d'ailleurs, même un char d'assaut ne serait pas arrivé à approcher de la rondelle. Un pareil poids à une telle vitesse, il n'en fallait pas plus pour me persuader. De toute façon, j'ai pris le temps de le regarder passer; c'était tout comme sur les photos, avec le mouvement et l'intimidation en plus.

"Je comprends, lui dis-je, que ce tour-là te réussisse.

— C'est mon meilleur," répondit-il en riant.

Trouvant moins risqué de laisser tomber ce genre d'exercices, je suggérai alors de passer aux trois formes fondamentales du lancer: le lancer frappé, fait d'assez loin, le lancer du poignet fait de plus près et le revers.

Sous mon regard attentif, il commença par le lancer frappé, où bien des jeunes sacrifient la précision à la puissance.

C'est d'ailleurs ce que me souligna Jean: "Dirigé à côté du filet, il ne vaut rien, me dit-il. Bien des joueurs, dans leur élan, ramènent leur bâton à la hauteur de leur tête, pour frapper ensuite la rondelle à pleine force comme un golfeur ou comme un frappeur de coups de circuit. Pourtant, même au golf et au baseball, où on n'est pas sur patins, on obtient plus de précision d'un élan plus court et plus mesuré. Or, à la vitesse où on patine, il en faut, de la précision, c'est évident. Autrement, le lancer va aboutir à dix pieds du filet, où l'adversaire va s'en emparer. Le lancer frappé doit allier la puissance à la précision. Regarde-moi bien faire."

Il fit plusieurs lancers d'une extrême précision, annonçant chaque fois sa cible: coin gauche supérieur, coin droit supérieur, bas du coin gauche, bas du coin droit. D'un élan court, il lançait où il voulait. Il ramenait peut-être la lame de trois pieds, à la hauteur de ses hanches. Je remarquai aussi quelque chose qui ne peut se voir des gradins: la lame ne frappait pas la rondelle au hasard, mais en arrivant sur la glace, juste au moment de l'impact, Jean en corrigeait l'angle, comme le golfeur pour sortir sa balle d'une trappe. C'était un mouvement à peine perceptible, tout juste suffisant pour lui assurer une plus grande maîtrise de la rondelle en "ouvrant" la face de la lame.

J'en fis la remarque à Jean.

"C'est bien ça, me dit-il. Ca enlève peut-être un peu de puissance à mon tir, mais après tout, je ne fais pas de lancer frappé de la ligne bleue ni d'au-delà, mais habituellement de trente pieds ou moins. Si le joueur de défense lance de la pointe, c'est qu'il compte sur une déviation possible provoquée par un ailier posté dans sa trajectoire. Pour ma part, quand je lance, c'est dans l'intention de compter, sans me fier à une déviation. Cette petite correction que je fais à mon tir, et que peu de gens remarquent, elle a pour but d'imprimer à la trajectoire une petite courbe qui lui donne un peu de vie.

— Tu fais ça à tous tes lancers?

— Au lancer du poignet, je pense que tout le monde le fait; c'est que le choc y est beaucoup moins brutal, et qu'on est bien plus conscient de la position de la rondelle sur la lame. Cette petite inclinaison de la lame, elle est inconsciente, ou bien elle ne se fait pas du tout, tandis que le mouvement des poignets assure une bien plus grande maîtrise de la rondelle. Je pense que les jeunes joueurs devraient s'y attacher davantage, car c'est le genre de lancer le plus important.

— C'est drôle, lui dis-je, quand je vais à la patinoire, les après-midi d'hiver, tout ce que j'entends, c'est le vacarme des lancers frappés contre la rampe.

— C'est un bruit impressionnant, me répondit-il, et ça montre votre force, mais c'est moins efficace que le lancer du poignet; vous savez, quand la rondelle entre dans le but, elle ne fait pas de vacarme: voilà."

Il se mit à lancer du poignet, d'une distance d'à peu près vingt-cinq pieds, y mettant passablement de puissance. Ca ne me surprenait guère, après l'avoir vu à la mise au jeu. Ce n'est pas un coup sec du poignet qu'il donne; il ne fait pas le geste de soulever la rondelle, car elle y perdrait en vitesse et en vie; il sembe plutôt, à l'instar du bon joueur de golf ou de baseball, rouler ses poignets pour en obtenir de la puissance. Le coup de poignet trop sec et trop hésitant manque de précision et sa puissance manque de souplesse.

"Pour un tireur gaucher comme moi, me dit-il, c'est la main gauche, placée le plus bas, qui assure la puissance et la droite, la précision. En se roulant les poignets, il faut éviter le geste saccadé qui vous ferait toucher la rondelle trop haut, mais il ne faut pas, non plus, la toucher trop bas, parce qu'elle volerait tout simplement dans les airs. C'est un geste délicat dont la maîtrise demande une longue pratique. Si je puis donner un conseil, je dirai que le lancer à pratiquer, c'est celui du poignet: c'est celui qui donne les meilleurs résultats."

Contre Ed Johnston du Boston.

Il en fit encore une douzaine, qui atteignaient exactement leur cible; hauts ou bas, leur trajectoire était presque droite.

"Il faut que ça vienne vite, me dit-il, car il ne s'agit pas d'un lancer-ballon; pour le revers, c'est autre chose: bien souvent, on est pressé et hors d'équilibre, parce que serré de trop près par un adversaire. Toute l'action physique du lancer y est inversée: la main la plus basse, celle qui donne la puissance, *tire* le bâton comme pour balayer, au lieu de le pousser. Comme il est à peu près impossible de donner au coup de revers la même force qu'au coup avant, on ne s'en sert pas de plein gré, mais plutôt par stratégie; c'est plutôt un coup de balai qu'autre chose, mais on peut quand même y mettre quelque chose, en y travaillant bien. Comme tout autre lancer, il exige une bonne maîtrise; il faut éviter, avant tout, de lancer trop haut. Bien exécuté, il a presque l'air d'un coup avant; chez Red Berenson, qui y excelle, c'est plutôt un coup de balai qu'un coup sec."

Se rappelant sans doute des duels célèbres à l'entrée du but, il se prit à sourire. "Il y a un coup spécial du revers qu'on fait à bout portant, après avoir déjoué le gardien; si on a la portée voulue, on peut, du revers, pousser la rondelle du côté ouvert. Il s'agit plutôt d'un petit coup retenu: on va presque la déposer. Donner un grand coup, c'est risquer de frapper le poteau du but. Ca m'est arrivé; je n'étais pas fier. D'aussi près, il faut y mettre une extrême précision. Tu montres la rondelle au gardien, prêt à lancer un coup droit, puis, dès qu'il bouge, tu la retires à toi, pour lancer du revers dans le coin ouvert."

Cela, je l'ai vu faire à Jean des centaines de fois, et avec une telle aisance, que j'ai cru pouvoir le faire moi-même. Mais l'exercice du dimanche matin m'a ouvert les yeux: j'ai vu ce que son jeu exigeait de délicatesse et de précision, et l'image m'est revenue de la langue de la couleuvre, trop rapide pour l'oeil.

"Bon, je pense que ce sera tout", dis-je en patinant avec lui vers la rampe. Il était réchauffé, mais sans être essoufflé comme moi; cela m'a fait songer à l'arbitre et aux juges de lignes de la L.N.H., qui patinent toute la partie, sans se relayer.

— Ils doivent être d'assez bons athlètes, lui dis-je.

— En effet. Il y a parmi eux d'excellents patineurs, bien que leur âge dépasse habituellement le nôtre. Ils sont triés sur le volet et capables de suivre le jeu; d'ailleurs, il le faut.

Il peut arriver, à l'occasion, que l'un d'eux connaisse une mauvaise soirée, où des détails lui échappent, mais la plupart du temps, ils ont le jeu bien en main et tous patinent très bien. Je me demande parfois comment ils s'y prennent, pour rester là toute une période, tandis que les joueurs, eux, se relaient."

Une heure de patinage plus ou moins détendu, entrecoupé de fréquents arrêts, m'a permis de mieux apprécier leur endurance physique: je serai peut-être moins dur à leur égard, à l'avenir, quand une décision me paraîtra douteuse.

Il me restait une ou deux questions à poser à Jean, pendant qu'il se déchaussait. Peut-être sans raison, ça m'a fait plaisir de constater qu'il utilisait la même marque de patins que moi; je voulais savoir s'il avait des observations spéciales à faire à propos de son équipement. Justement, il en avait une très intéressante à faire au sujet de ses patins.

"Ma chaussure gauche est d'une demi-pointure plus longue. Quand je rode une nouvelle paire de patins, je me sens le pied gauche très à l'aise en peu de temps, mais j'arrive rarement à me sentir le droit tout à fait à l'aise, même si la chaussure est plus petite. Regarde-moi ça! "

Il me tendit ses patins; en effet, le gauche était du neuf, tandis que le droit était du huit et demi. En outre, la chaussure gauche semblait avoir mieux adopté la forme de son pied que la droite; elle semblait aussi plus usée, un peu fendillée.

"Montre-moi ton pied," lui dis-je. A y regarder de près, on voyait que le pied gauche était, peut-être pas plus gros, mais plus musclé que le droit; c'était, en somme, une différence qui venait de l'usage.

"Sais-tu, lui dis-je, je parierais que c'est parce que ton pied gauche travaille beaucoup plus fort, quand tu patines, Après tout, tu t'arrêtes sur le pied gauche, tu lances, la plupart du temps, appuyé sur le pied gauche et tu tournes beaucoup plus souvent à gauche qu'à droite. Tu appuies dessus quatre-vingts pour cent du temps, probablement."

Les muscles accusaient un développement nettement différent.

"Je ne serais pas surpris du tout, me dit Jean, que la plupart des gens aient de la difficulté à ajuster parfaitement à leurs deux pieds une paire de patins ordinaires. Après tout, tu ne peux pas demander au marchand de te passer un huit et demi et un neuf. Autre chose: le manufacturier, il y a deux ans, a transformé le bout rapporté du modèle que j'utilise, passant de l'acier à un nouveau plastique plus fort et un peu plus léger. J'ai mis passablement de temps à m'y habituer, parce que le plastique laisse un peu plus de place à l'orteil. Ce n'est pas que je pense à mes patins en patinant, mais s'ils ne sont pas confortables, je m'en rends vite compte." Il se regarda les pieds d'un air amusé: "Je pense bien qu'on n'y peut pas grand-chose.

— Tu portes toujours les mêmes patins?

— Non. J'en use deux paires à la fois, ce qui me permet d'alter-

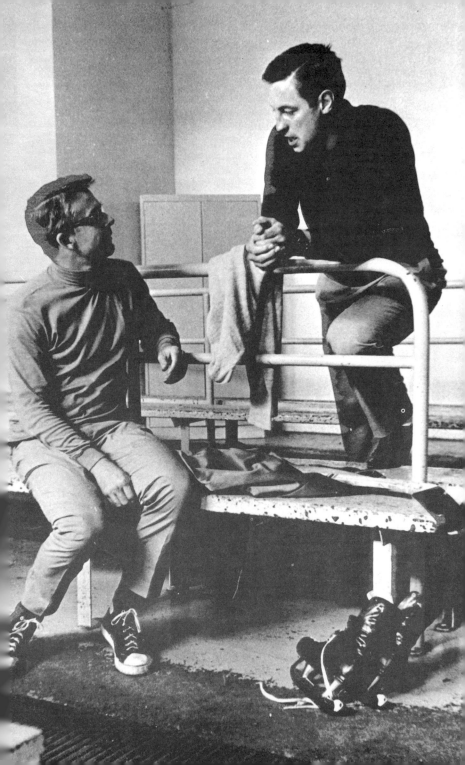

ner d'une partie à l'autre et même, parfois, d'une période à l'autre, si je ne suis pas satisfait de la coupe. J'en use deux paires par demi-saison, et j'ai beau les roder de mon mieux, il y en a toujours un qui me va mieux que l'autre."

Il me semble qu'il faut une force énorme exercée sur une longue période de temps pour modifier la taille d'un pied; et pourtant, c'était bien le cas: ça se voyait à l'oeil nu. Vingt ans d'arrêts, de virages et de pression ont fini par laisser une marque physique.

Cette petite découverte m'a semblé jeter une importante lumière sur Jean et sur sa carrière: il s'agit ici d'un homme dont le style est la vie même et le travail parfait, d'un homme qui fait tout avec une telle grâce, qu'on en oublie tout ce que cela exige d'endurance et d'effort physique, et pourtant, ce style et cette grâce, il les a chèrement acquis: vingt ans d'effort ont fini par laisser leur empreinte sur Béliveau.

L'allure et le ton de notre petit exercice sans caractère officiel en ont fait l'un des moments mémorables de ma vie: c'était un "happening" au meilleur sens du mot. Si extravagant que cela puisse paraître, je dirais que Jean fait si bien les choses, que cela déteint sur autrui: il a le don de vous faire paraître à votre avantage.

7

Des pouvoirs extraordinaires

héros: 2⁰ (litt.). Personnage principal d'une pièce de théâtre ou d'une épopée, qui se distingue par ses pouvoirs extraordinaires et qui incarne les inspirations de la société qu'il représente.

Des lettres, il y en avait de partout et de tout le monde.

Mr. Jean
Je suis un de vos admirateurs et je vous aime beaucoup je garde tous vos portraits dans les journaux je serais très heureux si vous vouliez m'envoyer votre portrait et je le mettrai à la tête de mon lit.

Dear Jean:
Please read this letter because I've adored you for years. I am now sixteen years old and have loved the Montreal Canadiens ever since I was interested in hockey . . .
When you hurt your leg last year during the playoffs I cried for you. It was so beautiful when you hobbled out on crutches to receive the trophy — you are always there when your team needs you . . . Please reply if possible and make my world utopia.

Cher Jean;

. . . bravo! et à l'an prochain. Je garde le beau souvenir de toi pendant les vacances et j'espère que ta blessure à l'oeil n'est pas trop sérieuse . . . Je t'embrasse fort. D'une qui est capitainement Canadienne heureuse.

Dear Mr. Béliveau:

As I slowly recover from the pain you inflicted on all native Bostonians last Thursday night, I find myself hoping you will break the Rocket's goal scoring record. If this information ever got out, I would be ostracized from Section 46 of Boston Gardens, but it is true nonetheless.

Cher Jean Béliveau:

Agée de quatre-vingt-un ans, je suis partisan des Canadiens depuis les années 1920. Permettez-moi de vous féliciter de votre magnifique "premier but en surtemps"; la tension m'avait tellement épuisée, que j'avais fermé ma TV juste au début de la deuxième période supplémentaire. La partie terminée, ma cousine m'a téléphoné: "Merveilleux, n'est-ce-pas?" Je lui ai demandé qu'est-ce qu'il y avait de merveilleux et quand elle m'a dit que vous aviez compté le but gagnant, ça m'a fait tellement plaisir, que j'ai rouvert ma TV . . .

Mon cher Monsieur Béliveau:

I am so sorry I cannot write to you in French. I am a Japanese lady, having been here in Montreal for these seven months . . . During last fall I was seriously homesick and bothered my husband very much saying, "I'm going to go back to Japan."

But when the hockey season opened, I was completely enchanted with hockey. Natural result of living in Montreal. I became an enthusiastic fan of Montreal Canadiens and you. I stopped saying to go back to Japan, and that might be a great help for my husband . . .

Though I am going to go back to Japan this June, I asked my husband to send me every sports page concerning you and Canadiens next season, as he should stay here one more year.

Please remember that you have an enthusiastic fan even in Japan, just the other side of the earth. Isn't it something?

On envoie des plats à Jean; il reçoit des lettres écrites par des classes entières sur le conseil de leur instituteur; des pièces d'artisanat; des tableau à l'huile faits avec beaucoup d'amour et de soin, à partir de photos parues dans les journaux; des afghans et des

Aux courses Trans-Am de 1969
avec deux Hôtesses du Canada,
Paulette Massicotte et Sophie Marele
— Le Circuit, Mont-Tremblant.

tapis aux couleurs et à l'écusson des Canadiens, qui ont dû demander des semaines, voire des mois de travail; des photos de grands dessins faits au tableau, et dont il occupe la place centrale. Tous ces cadeaux spontanés sont remarquables de diversité et de soin dans l'exécution: broderie, marquetterie, travaux sur métal, sculptures, dessins, peintures, photographies, couture, tricot, livres et albums ouvrés à la main. Ce n'est plus le tribut habituel des admirateurs: c'est de l'amour.

Mon ami Sholom Glouberman est un brillant professeur de philosophie qui rédige actuellement une thèse de doctorat sur la théorie générale de l'évaluation. L'an dernier, il déambulait rue Sainte-Catherine, quand il aperçut, venant vers lui, une figure familière.

"Monsieur Béliveau, lui dit-il, j'espère que vous ne vous opposerez pas à ce que je vous parle ainsi. Vous me permettez de vous serrer la main? Mon petit bonhomme pourra s'en vanter, quand il sera plus grand."

Son petit bonhomme n'avait pas tout à fait un an.

Il y a eu, aussi, cette autre fois où Jean, Gerry Patterson et moi étions assis dans le bureau des relations publiques d'une société d'assurances à laquelle Jean est associé.

Le bureau est au premier étage, et l'un de ses grands murs de verre donne sur le corridor principal, de sorte qu'on peut voir tout ce qui se passe, d'un côté comme de l'autre. Nous flânions, attendant qu'on prenne les photos, quand une jeune secrétaire passa dans le corridor, en jetant un coup d'oeil furtif de notre côté; elle continua, s'arrêta, puis, se ravisant, elle disparut.

L'instant d'après, rougissante et toute émue, elle tendait à Jean une feuille de papier où elle lui demandait d'apposer sa signature. Puis elle disparut à nouveau.

Une quarantaine de secondes plus tard, des éclats de rire féminins fusaient dans le corridor et de jolies têtes apparaissaient aux portes; une dame dans la quarantaine, sans doute la responsable d'une centrale dactylographique, vint en trottinant demander un autographe. Au-dehors, les rires augmentaient de plus belle.

Jean se leva, s'étira un peu: "Je pense que je ferais mieux d'aller les voir", et il disparut, le sourire aux lèvres. Armés de caméras Polaroid, des commis du bureau prirent des instantanés, qu'ils revinrent exhiber: on y voyait Jean, le dos au mur, signant au milieu d'une forêt de bras tendus.

A peine était-il de retour, qu'on l'enleva à nouveau. Le responsable des relations publiques s'impatientait: "Il nous faut ces photos pour aujourd'hui", soupira-t-il.

"Mon Dieu, le voilà reparti", s'exclama un autre. Tout l'étage résonnait des rires des jeunes filles. Trois ou quatre minutes plus tard, un directeur de la société arrivait en trombe dans le bureau, à bout de souffle: "Il est dans le Service de la Sélection des Risques, pris d'assaut par une armée de jeunes filles! "

Ce fut un éclat de rire général. En une vingtaine de minutes, il accorda au moins cent cinquante autographes, et cela continua ainsi dans l'ascenseur, au rez-de-chaussée et jusque dans les grandes portes. Il ne refusait jamais.

Nous avons ensuite traversé au Square Dominion, pour les photos; pendant que Jean posait, la foule se pressait. *"Congratulations, Jean.* Je te félicite, Jean." On lui serrait la main, on le contemplait, on l'appelait. Une bande d'écoliers surgit: venus de Toronto, ils visitaient le Québec et les Maritimes, et faisaient une escale d'une demi-heure à Montréal, avant de se rendre à Québec rencontrer le premier ministre Bertrand. Ils avaient tout juste le temps de jeter un coup d'oeil sur les alentours de la gare, et voilà que le hasard les amenait en présence de Jean Béliveau. Ce fut la ronde des caméras, les agents de relations publiques photographiant les photographes.

Un jeune couple se fraya un chemin; nu-pieds, vêtus tous deux à la toute dernière mode, ils portaient les cheveux très longs, surtout lui, qui les avait ébouriffés à l'africaine. "Je voulais simplement vous féliciter, M. Béliveau." Un sourire aimable et heureux aux lèvres, ils s'en retournèrent, la main dans la main.

Une couple de jours plus tard, nous goûtions tranquillement dans la Lantern Room de l'Hôtel Windsor, à un moment où celui-ci regorgeait de personnalités du baseball: les Giants étaient en ville et quelques-uns des joueurs des Expos y logeaient provisoirement. Un membre du personnel vint nous trouver: "Jean, j'aimerais te présenter quelqu'un: M. Stoneham, le propriétaire des Giants, qui est tout juste à l'autre bout de la salle." S'excusant, Jean nous quitta, pour se trouver bientôt en conversation sérieuse avec Horace Stoneham, un homme associé depuis nombre d'années au baseball majeur: bien avant que les Giants ne déménagent à San Francisco, sa famille était déjà propriétaire du club.

Dans les restaurants de ce genre, on salue Jean comme un frère, comme un vieux copain. Son magnétisme est pour l'observateur une source continuelle d'étonnement. J'habite un petit coin tranquille du quartier Notre-Dame-de-Grâce. Un après-midi d'été, Jean est venu chez nous, et, comme il faisait très chaud, nous sommes sortis prendre l'air dans le jardin. Aussitôt — je répète: *aussitôt* — ce fut comme le murmure de la mer sur une plage de sable: une vingtaine de voix d'enfants chuchotaient: "Il est ici, il est vraiment ici." On n'avait jamais vu ça: les bâtons de hockey ressortaient des

placards, les feuilles de papier arrivaient par brassées, dans une chasse effrénée aux autographes. C'était la parfaite démonstration de la publicité de bouche à oreille. Je ne savais pas que la génération montante pouvait posséder pareilles caméras; on me demandait de prendre des photos; or, quand il s'agit de manier une caméra, on ne saurait trouver plus gauche que moi: tout ce que je réussis à prendre, c'est mon doigt qui bouche la lentille ou mon oeil qui regarde dedans. Mais ces gamins me sortaient tout un attirail et m'expliquaient comment composer l'image, comment ajuster le diaphragme et quel bouton presser; en fin de compte, ils ont obtenu des photos passables d'eux-mêmes en compagnie de Jean.

Il était assis dans une de ces chaises pliantes faites de métal recouvert de canevas. L'herbe, longue et humide, en portait encore les empreintes le lendemain matin. Mon fils de huit ans venait dans le jardin: "Voici les marques de la chaise de Jean Béliveau, chuchotait-il, c'est ici qu'il était assis."

Les admirateurs de Béliveau pourraient se classer en trois genres: d'abord, ceux qui font ce qu'on attend d'eux, c'est-à-dire ceux qui demandent poliment un autographe; ensuite, ceux qui, par besoin d'un contact physique, lui serrent la main ou se rapprochent de lui pour une photo; enfin, il y a ceux qui se tiennent à distance, comme stupéfiés; immobiles, ils se contentent de le fixer, et puis tout à coup, ils font quelque chose d'imprévisible, d'amusant ou de touchant, comme cette femme qui, au golf, a rencontré le quatuor de Jean, un après-midi. Elle les dépassa d'un pas alerte, puis jetant par-dessus son épaule un long regard, continua son chemin avec cet air d'étonnement mêlé de plaisir qu'on observe si souvent lorsqu'on accompagne Jean en public; puis tout à coup, elle laissa tomber toute retenue:

"Je ne vous avais jamais vu en vie", s'exclama-t-elle.

C'était sorti comme d'une boîte à surprise.

"Je suis bien en vie", lui répondit Jean en souriant.

C'est peut-être que Jean paraît si souvent à la télévision, que l'admirateur demeure interloqué de l'apercevoir en chair et en os. "On dirait qu'ils me connaissent personnellement, me dit Jean; ça fait chaud au coeur. Ce n'est pas comme s'ils avaient vu ma photo mainte et mainte fois dans les journaux: c'est plutôt comme si nous avions passé beaucoup de temps ensemble, dans un passé devenu imprécis, comme s'ils rencontraient un ami de vieille date. Et je ne parle pas seulement de ceux qui veulent un autographe ou une poignée de mains: je pense surtout aux autres. On dirait qu'ils établissent un contact: ils s'arrêtent, ils me fixent, puis leur figure s'éclaire; c'est alors qu'ils lancent spontanément les choses les plus amusantes ou qu'ils se mettent à parler comme s'ils reprenaient une conversation interrompue. Il y a dans tout cela une touche très personnelle.

— La télévision procure un contact très intime, un contact qui n'est pas seulement visuel. Ça rejoint peut-être la théorie de McLuhan, qui veut qu'elle s'adresse plus au toucher qu'à la vue. Il m'est arrivé, en t'y voyant compter un but, d'avoir l'impression de pouvoir ressentir exactement ce que tu ressentais, comme si j'avais compté moi-même; j'oserais dire qu'il s'agit là de sympathie musculaire, un phénomène fréquent au hockey télédiffusé.

— A la télévision, j'entre dans les salons: vous êtes tranquillement assis à regarder la partie, dans la pénombre, et tout à coup, à l'entracte, pendant une interview, me voilà à vos côtés, encore essoufflé, la figure ruisselante de transpiration. Cette réaction personnelle des gens, je la ressens plus depuis la venue de la télévision, je crois; d'ailleurs, cela se reflète dans les lettre qu'on m'écrit, et pas seulement dans les rencontres personnelles.

Il y a toutes sortes de choses dans les lettres; il y en a de tristes, parfois. Ça commence souvent comme ceci: 'Je vous écris parce que vous êtes mon dernier espoir', ou bien 'il faut que je parle à quelqu'un, et ce quelqu'un c'est vous'. Il y a quelques semaines, je recevais une longue lettre d'une dame de la banlieue montréalaise. Il semble qu'elle était propriétaire d'un petit commerce; elle vivait séparée de son mari. 'Je vous écris cette lettre, disait-elle, parce que tout va mal, chez moi. Mon commerce est au bord de la faillite et, pis encore, j'ai perdu toute confiance en moi-même. Je me sens toujours déprimée; je ne sais que faire, et j'ai pensé à vous: j'ai pensé que vous, vous pouviez me redonner confiance. Après vous avoir vu à la télévision, Jean, je sens que je puis me confier à vous.' Tu vois, ce n'est pas toujours facile, surtout quand des gens comme ça te font confiance, des gens qui n'ont personne d'autre au monde. Voir des gens comme moi à la télévision, c'est peut-être là leur unique contact avec le monde extérieur.

Ce ne sont pas des situations faciles. Tu comprends, je ne suis ni prêtre, ni médecin, sans compter que certaines de ces lettres sont tellement personnelles, qu'elles vous en coupent le souffle. La dame ne me demandait ni argent, ni rien du genre: elle recherchait mes conseils, au sujet de sa vie et de son commerce. Je me sentais un peu comme un grand frère. J'ai tâché de lui écrire des mots d'encouragement: il ne fallait pas lâcher, ça passerait peut-être, avec le temps. Mais je sais bien que tout cela n'a pas l'air très encourageant. J'aime à croire que ça lui a aidé un peu, tout de même.

On me demande parfois de l'argent, mais pas souvent. Ce qu'on

Au début de la saison 1969-70 les Canadiens ont rendu hommage à Jean Béliveau en lui présentant une peinture à l'huile. On a rendu le même hommage à Toe Blake, Howie Morenz et Maurice Richard.

me demande le plus, c'est de me présenter quelque part ou de donner quelque chose. Il n'y a pas si longtemps, une dame de Mansonville m'a écrit une gentille lettre où, tout en s'excusant de m'importuner, elle m'expliquait qu'elle-même et deux amies s'occupaient d'un groupe de Louveteaux, des garçonnets de sept à dix ans qui étaient fous de hockey. Est-ce que je pourrais leur envoyer un mot d'encouragement, quelques conseils sur le hockey, n'importe quoi. C'est ce que j'ai fait, bien entendu. Dans un certain sens, sa lettre était drôle: elle me répétait que ça pourrait me surprendre que des femmes s'occupent de Louveteaux, mais que les hommes ne semblaient pas s'y intéresser. Elle voulait que les petits gars sentent que quelqu'un se préoccupait de leur avenir. Je pense que ce n'est pas seulement parce que je suis un joueur de hockey: il s'agit de créer une impression sur un de ses semblables.

Je reçois beaucoup de lettres de gens âgés; j'en reçois beaucoup des Soeurs, aussi, un peu à cause de leurs classes et des enfants, mais aussi parce qu'elles sont comme tout le monde, et pas seulement parce qu'elles enseignent aux enfants. Je reçois autant de courrier des Soeurs que de tout autre groupe. Elles m'écrivent pas mal souvent. Il y a aussi des gens qui m'écrivent lettre sur lettre, mais pas pour quémander ni pour importuner: des lettres de personnes 'achalantes', je n'en reçois presque jamais; on veut plutôt toucher quelqu'un; oui, c'est bien le mot: *toucher*.

Ce n'est pas simplement que je sois un joueur de hockey, poursuivit-il: les gens ont besoin de toucher quelqu'un."

Nos enfants et la plupart de ceux du voisinage se bousculaient dans l'allée; deux petits garçons, accoudés à la fenêtre de notre solarium, nous observaient révérencieusement. "Je pense que c'est des enfants que je me rapproche le plus facilment, et c'est toute une responsabilité, me dit-il; il faut que je donne l'exemple: on sait comment les enfants aiment à vous imiter."

Son rôle d'homme public, Jean le prend au sérieux. Croire qu'il a tout le temps voulu, surtout hors saison, pour répondre à son courrier et pour paraître en public sur invitation, c'est se faire illusion.

La diversité de ses intérêts lui vaut d'être occupé tout l'été: il lui faut voyager beaucoup, paraître fréquemment en public et trouver le temps de travailler à des messages commerciaux, d'accorder des appuis, de vaquer à mille autres affaires. Et pourtant, il se fait un devoir de répondre à son courrier et d'accéder à toute demande raisonnable, surtout s'il s'agit d'enfants.

"Tiens, l'autre jour, il y a quelque chose qui m'a bien plu; c'était à l'hôpital Sainte-Justine; tu sais le grand hôpital pour enfants, chemin de la Côte-Sainte-Catherine. Ils ont été parmi les premiers en Amérique du Nord à pratiquer la chirurgie à coeur ouvert sur des enfants. Tu es au courant, je pense: il s'agit d'enfants dont le coeur, malformé à la naissance, ne pompe pas suffisamment, à cause d'une défectuosité de la cloison ou de quelque autre défaut. C'étaient là des cas désespérés, mais avec les progrès de la technique chirurgicale, on a pu, depuis 1958, permettre à des centaines d'enfants de mener une vie parfaitement normale. Comme Sainte-Justine en avait été depuis les débuts, on a fait, il y a à peu près un mois, une grande fête à l'intention de tous les enfants qui avaient subi cette opération.

— J'étais bien heureux d'y être invité. J'ai apporté avec moi des photos et d'autres petites choses, et j'y ai passé l'après-midi; on a ensuite eu un goûter: hot-dogs, glaces, tout ce qu'aiment les enfants; ils étaient plus de cinq cents, venus de tous les coins du Québec et même de plus loin. Ce qui m'a surtout frappé, c'est qu'ils semblaient se souvenir de toutes les infirmières et de tous les médecins, qui les aiment bien, d'ailleurs. Encore une grande famille. Pas un des enfants n'avait plus de dix ans, bien entendu, mais certains d'entre eux semblaient se reconnaître, et quant à moi, ils semblaient tous me connaître. C'était comme un club. Il y en avait partout, qui gambadaient et sautillaient. Cela faisait du bien de les regarder.

J'ai vu des choses qui m'ont bien frappé; il y a une couple d'années, je recevais un appel de l'hôpital Royal Victoria. Il y avait là un petit bonhomme qui souffrait d'une maladie rare, la progérie. Il avait peut-être une dizaine d'années, mais on lui en aurait donné plutôt trente. C'était surtout sa figure qui était vieille. Les infirmières m'avaient demandé de lui rendre visite parce qu'il n'allait pas à leur goût. Une pareille invitation, ça ne se refuse pas; j'ai apporté des choses qu'aiment les petits garçons: une rondelle, un bâton, des photos, et j'ai passé un bon moment avec lui. Je pense que j'ai réussi à le remonter.

— Qu'est-ce qui est advenu par la suite?

— Deux ou trois semaines plus tard, on m'a rappelé, du Royal Vic, pour me dire qu'il allait beaucoup mieux, qu'il s'asseyait et qu'il reprenait goût à la vie. Je leur ai demandé s'il pouvait sortir; renseignements pris, on m'a répondu que oui. On l'a amené au Forum en fauteuil roulant, et on lui a trouvé une place où il ne risquait pas de se faire bousculer par la foule. En fait, il se trouvait tout près de l'endroit par où passent les préposés à l'entretien de la glace et leur machinerie. Pendant l'exercice, je suis passé le saluer de la main et comme la baie vitrée m'empêchait de lui parler, je suis passé par la barrière et nous avons bavardé ensemble. Il avait l'air beaucoup mieux.

En février 1969, lors d'une visite à leur école, les étudiants de l'école Louis-Pasteur, de Montréal, présentent à Jean une plaque souvenir.

— Il s'est trouvé que j'ai compté un but, ce soir-là, alors, je lui ai remis la rondelle; les infirmières m'ont dit que ça lui avait bien fait plaisir. J'étais heureux de faire quelque chose pour lui. Il venait de Terre-Neuve; aux dernières nouvelles, il se portait assez bien pour retourner chez lui. Je n'en ai plus entendu parler, mais on m'a dit qu'il allait beaucoup mieux. Tu sais bien que je ne guéris pas les malades et que je ne puis donner de conseils financiers, ni psychiatriques: je serais bien fou de m'y essayer. Mais il y a certainement quelque chose que je puis faire. Quand on a eu affaire au public pendant un bon nombre d'années, que ce soit dans le sport, au cinéma ou à la télévision, on sent que dans pareilles situations, on peut sonner faux, et pourtant, il n'y a rien de faux là-dedans. Qu'un enfant se sente mieux, même temporairement, parce que je lui ai parlé, il n'y a là rien de sentimental ni de faux: la chose vaut certainement la peine d'être essayée. Tiens, je suis un des plus grands et gros de la ligue, et je n'ai pas besoin de prouver ma force; je n'ai peur, ni des blessures, ni des batailles, mais me battre ce n'est pas dans ma nature. C'est que, vois-tu, il y a toujours des milliers d'enfants qui me surveillent. Et pas seulement des enfants. Le hockey est un jeu qui demande de l'endurance et de la force physique, et où l'on peut se blesser. En ce sens-là, c'est comme la vie.

Mais ce n'est pas une raison pour avoir recours à la violence. Dans les coins, je frappe et l'on me frappe. A chaque partie, j'attrape une meurtrissure à une épaule ou à une hanche, mais c'est dans le jeu. Je pense que c'est là un des beaux côtés des sports de contact: on y apprend à recevoir les coups et à en donner sans intention de blesser. Joué de cette façon, le hockey m'a toujours bien convenu, parce qu'on peut y jouer à la perfection sans jamais blesser quelqu'un intentionnellement. On dit parfois que les Canadiens sont avant tout des patineurs, et que s'ils vont vite et frappent peu, c'est par crainte du contact. Rien de plus faux. La meilleure façon de jouer au hockey, c'est d'échapper à la mise en échec en tâchant d'être plus rapide et plus fin que l'adversaire. Au temps où la boxe était encore plus importante et plus populaire que de nos jours, il s'est trouvé des poids plumes et des poids légers qui pouvaient, debout sur un *mouchoir,* vous défier de les frapper d'aplomb. C'est là, il me semble, le secret de la boxe. Au hockey, c'est la même chose. Je ne suis pas là pour me faire rudoyer ni pour me battre: ce que je vise à faire, c'est loger la rondelle dans le filet de l'adversaire et l'empêcher d'en faire autant. Du patinage rapide, des passes précises et du jeu défensif propre et intelligent, voilà tout le hockey.

D'ailleurs, à voir les reactions des gens, on voit que c'est le genre de jeu qu'ils préfèrent, pour la plupart. Si j'attire l'attention, ce n'est pas simplement parce que je m'appelle Jean Béliveau. Certaines des réactions que j'ai vues n'étaient pas dues à ma seule présence. L'an dernier, pendant mes vacances, je me suis rendu dans le nord-est québecois, à une quarantaine de milles de Manicouagan, là où s'achève Manic 5.

C'est absolument renversant; il faut le voir pour le croire: pensez qu'on pourrait faire entrer la Place Ville-Marie *à l'intérieur* de la structure centrale. J'avais toujours voulu voir ça, peut-être parce que mon père avait si longtemps été au service de la Shawinigan Power et que j'aurais pu suivre ses traces; peut-être, aussi, parce que ces travaux représentent tellement pour la province. Vous savez, l'eau que retient Manic 5, on va pouvoir l'utiliser et la réutiliser, à mesure qu'elle descendra le courant. Cela va produire de l'électricité qui vaudra au Québec des millions et même, avec les années, des centaines de millions. Comme on peut s'y rendre en auto, nous avons décidé, une fois si proches, d'aller y jeter un coup d'oeil. C'est une chose que tout le monde devrait aller voir. ' Allons voir ça ', dis-je aux autres; je pensais que ce serait l'affaire d'une heure tout au plus.

Mais on nous a réservé une réception princière: on nous a fait traverser, en auto, le haut du barrage: vu de là, le spectacle est grandiose. Quand on va relâcher les eaux, ça va créer un lac immense. Quant à la chute, ne regardez pas de ce côté-là si vous êtes sujet au vertige.

On nous a tout fait visiter, puis, vers le milieu de l'après-midi, je me suis rendu compte que tout le monde me savait là. C'est une grande ville, tu sais, avec ses maisons qui logent les quelque cinq mille travailleurs et leurs familles, sans compter les responsables des services auxiliaires. Il y a là des magasins de toutes sortes — des centres commerciaux, un théâtre, un centre communautaire, une ville complète. On a organisé à notre intention un dîner et une journée qui ont remporté un succès monstre. J'ai pu rencontrer des milliers de gens; quand nous sommes partis, il était près de onze heures. Tu aurais dû voir l'enthousiasme de la foule. C'est qu'ils ont tous la télévision et qu'ils suivent les parties de hockey comme s'ils se trouvaient à Montréal même. L'image est très claire: ils la reçoivent probablement grâce à une chaîne de postes de relais. Mais, même s'ils se tiennent parfaitement au courant, ils semblent avoir ressenti un plaisir tout à fait spécial à me voir en chair et en os. Toute l'affaire avait été spontanée, et pourtant, on aurait dit qu'ils y avaient mis des semaines de préparation. Ils se sont donné tellement de mal, que c'en était embarrassant. Je leur dois beaucoup, à ces gens-là; c'est un sentiment difficile à décrire.

Jean, Hélène et Elise.

Ils vous ont tellement vu à la télévision, qu'ils vous *connaissent:* aucun doute là-dessus. Ce sont partout des 'Comment ça va, Jean? ' et des 'Bienvenue, Jean'; 'viens voir ci', 'viens voir ça'. Le seul contact qu'on a eu avec eux, c'est par l'intermédiaire de la télévision, de la radio, des journaux et des photographies, et pourtant, ils vous connaissent. Je pense que si la télévision peut faire ça, on ne peut rien lui reprocher.

Les journaux, eux, donnent aux fervents un tout autre genre d'information: les statistiques, les positions, la fiche des joueurs. Ce n'est pas le même moyen de diffusion, voilà tout. On ne se contente plus de se renseigner sur le hockey par la lecture des journaux, mais ils vous apportent des détails que la télévision ne donne pas. Je connais bien des gens qui connaissent ma fiche bien mieux que moi: ils vont me parler, à l'occasion d'une rencontre, d'un but vainqueur que j'ai compté il y a cinq ou six ans ou d'un total de points, d'une présence au sein d'une équipe d'étoiles ou d'un honneur individuel qui remonte à des années: c'est à cela qu'on reconnaît celui qui lit beaucoup de hockey, qui suit autant le jeu dans les journaux et les revues qu'à la TV. C'est sans doute qu'il y a des lecteurs, comme il y a des spectateurs.

Pour parler de statistiques, il n'y a personne qui vaille l'amateur de baseball, bien entendu: il s'en trouve qui peuvent, tel un calculateur ambulant, vous dire combien de coups de plus d'un but Babe Ruth a frappés au cours de la Série Mondiale de 1932. Mais il y a de ces gens-là dans le hockey, aussi; pour eux, c'est une façon de bien s'y connaître, comme la télévision permet aussi de le faire.

La photo, c'est, après la lettre personnelle, la chose la plus recherchée. On demande souvent une photo d'équipe, comme celle qu'on prend de nous tous les ans, pour fins de publicité. La photo semble avoir un cachet très personnel; on me dit souvent qu'on a toute une collection de mes photos, prises dans les journaux et les revues, et l'on me demande souvent d'en autographier une. Tu serais surpris du nombre que j'ai pu distribuer, avec les années. C'est là une autre façon de vous toucher, pour ainsi dire, comme ce petit garçon qui m'a écrit pour me dire que si je lui envoyais ma photo, il la mettrait à la tête de son lit.

C'est magnifique de sentir les gens si près de soi, mais cela comporte une lourde part de responsabilité. Ces photos-là, elles vont partout; c'est surprenant, comme elles s'éparpillent.

— A Chypre, lui dis-je, et au Japon, pour commencer. Laquelle de tes photos penses-tu être la plus célèbre?

— Celle où je tiens la Coupe Stanley."

On n'en saurait douter. Comme Jean a l'honneur d'être le capitaine des Canadiens, c'est à lui qu'on présente la coupe, à la fin

de la dernière partie, si c'est son équipe qui la remporte. Ce titre de capitaine, d'autres clubs et d'autres sports professionnels commencent à le laisser tomber, même s'il remonte aux temps lointains où les équipes amateurs choisissaient parmi les leurs un chef qu'ils reconnaissaient comme leur meneur. De nos jours, c'est habituellement l'instructeur qui dirige le jeu, tandis que le capitaine est tout au plus son représentant, sur la glace ou au champ. Chez les Canadiens, toutefois, le titre garde encore toute sa valeur, et il va probablement continuer encore longtemps de le faire, parce qu'il s'agit du *Club* de Hockey Canadien. Plus qu'une entreprise, plus qu'un sport, c'est une institution, de sorte que le capitaine des Canadiens continue d'y faire figure de chef.

De toutes les photographies de hockey devenues célèbres, il n'y en a pas plus que cinq ou six qui se soient fixées dans l'imagination de tous ceux qui aiment vraiment ce sport: "Ace" Bailey, étendu sur la glace, le crâne fracturé, à l'article de la mort; Jimmy Orlando, le visage ruisselant de sang, qui essaie de se dégager de l'étreinte d'un arbitre; Glen Hall qui, dans un geste familier, se jette à genoux tout en faisant de son gant un arrêt quasi impossible; Jean au centre de la glace, sur le tapis rouge, le grand "C" à son chandail, serrant la coupe dans ses bras.

Cette image du grand capitaine des Canadiens qui étreint la coupe, notre imagination l'a faite sienne pour toujours; jamais nous ne pourrons l'oublier, parce que, nous le savons, Jean Béliveau est notre capitaine à tous et la coupe, ce n'est rien d'autre que le Graal.

Achevé d'imprimer sur les presses de
L'IMPRIMERIE ELECTRA
pour
LES EDITIONS DE L'HOMME LTÉE

Ouvrages parus
chez les Éditeurs du groupe Sogides

Ouvrages parus aux
ÉDITIONS
DE L'HOMME

ART CULINAIRE

Art d'apprêter les restes (L'),
S. Lapointe, **4.00**
Art de la table (L'), M. du Coffre, **$5.00**
Art de vivre en bonne santé (L'),
Dr W. Leblond, **3.00**
Boîte à lunch (La), L. Lagacé, **4.00**
101 omelettes, M. Claude, **3.00**
Cocktails de Jacques Normand (Les),
J. Normand, **4.00**
Congélation (La), S. Lapointe, **4.00**
Conserves (Les), Soeur Berthe, **5.00**
Cuisine chinoise (La), L. Gervais, **4.00**
Cuisine de maman Lapointe (La),
S. Lapointe, **3.00**
Cuisine de Pol Martin (La), Pol Martin, **4.00**
Cuisine des 4 saisons (La),
Mme Hélène Durand-LaRoche, **4.00**
Cuisine en plein air, H. Doucet, **3.00**
Cuisine française pour Canadiens,
R. Montigny, **4.00**
Cuisine italienne (La), Di Tomasso, **3.00**
Diététique dans la vie quotidienne,
L. Lagacé, **4.00**
En cuisinant de 5 à 6, J. Huot, **3.00**
Fondues et flambées de maman Lapointe,
S. Lapointe, **4.00**
Fruits (Les), J. Goode, **5.00**

Grande Cuisine au Pernod (La),
S. Lapointe, **3.00**
Hors-d'oeuvre, salades et buffets froids,
L. Dubois, **3.00**
Légumes (Les), J. Goode, **5.00**
Madame reçoit, H.D. LaRoche, **4.00**
Mangez bien et rajeunissez, R. Barbeau, **3.00**
Poissons et fruits de mer,
Soeur Berthe, **3.00**
Recettes à la bière des grandes cuisines
Molson, M.L. Beaulieu, **4.00**
Recettes au "blender", J. Huot, **4.00**
Recettes de gibier, S. Lapointe, **4.00**
Recettes de Juliette (Les), J. Huot, **4.00**
Recettes de maman Lapointe,
S. Lapointe, **3.00**
Régimes pour maigrir, M.J. Beaudoin, **4.00**
Tous les secrets de l'alimentation,
M.J. Beaudoin, **2.50**
Vin (Le), P. Petel, **3.00**
Vins, cocktails et spiritueux,
G. Cloutier, **3.00**
Vos vedettes et leurs recettes,
G. Dufour et G. Poirier, **3.00**
Y'a du soleil dans votre assiette,
Georget-Berval-Gignac, **3.00**

DOCUMENTS, BIOGRAPHIE

Architecture traditionnelle au Québec (L'),
Y. Laframboise, **10.00**
Art traditionnel au Québec (L'),
Lessard et Marquis, **10.00**
**Artisanat québécois 1. Les bois et les
textiles,** C. Simard, **12.00**

Artisanat québécois 2. Les arts du feu,
C. Simard, **12.00**
Acadiens (Les), E. Leblanc, **2.00**
Bien-pensants (Les), P. Berton, **2.50**
Ce combat qui n'en finit plus,
A. Stanké,-J.L. Morgan, **3.00**

Charlebois, qui es-tu?, B. L'Herbier, **3.00**

Comité (Le), M. et P. Thyraud de Vosjoli, **8.00**

Des hommes qui bâtissent le Québec, collaboration, **3.00**

Drogues, J. Durocher, **3.00**

Epaves du Saint-Laurent (Les), J. Lafrance, **3.00**

Ermite (L'), L. Rampa, **4.00**

Fabuleux Onassis (Le), C. Cafarakis, **4.00**

Félix Leclerc, J.P. Sylvain, **2.50**

Filière canadienne (La), J.-P. Charbonneau, **12.95**

Francois Mauriac, F. Seguin, **1.00**

Greffes du coeur (Les), collaboration, **2.00**

Han Suyin, F. Seguin, **1.00**

Hippies (Les), Time-coll., **3.00**

Imprévisible M. Houde (L'), C. Renaud, **2.00**

Insolences du Frère Untel, F. Untel, **2.00**

J'aime encore mieux le jus de betteraves, A. Stanké, **2.50**

Jean Rostand, F. Seguin, **1.00**

Juliette Béliveau, D. Martineau, **3.00**

Lamia, P.T. de Vosjoli, **5.00**

Louis Aragon, F. Seguin, **1.00**

Magadan, M. Solomon, **7.00**

Maison traditionnelle au Québec (La), M. Lessard, G. Vilandré, **10.00**

Maîtresse (La), James et Kedgley, **4.00**

Mammifères de mon pays, Duchesnay-Dumais, **3.00**

Masques et visages du spiritualisme contemporain, J. Evola, **5.00**

Michel Simon, F. Seguin, **1.00**

Michèle Richard raconte Michèle Richard, M. Richard, **2.50**

Mon calvaire roumain, M. Solomon, **8.00**

Mozart, raconté en 50 chefs-d'oeuvre, P. Roussel, **5.00**

Nationalisation de l'électricité (La), P. Sauriol, **1.00**

Napoléon vu par Guillemin, H. Guillemin, **2.50**

Objets familiers de nos ancêtres, L. Vermette, N. Genêt, L. Décarie-Audet, **6.00**

On veut savoir, (4 t.), L. Trépanier, **1.00 ch.**

Option Québec, R. Lévesque, **2.00**

Pour entretenir la flamme, L. Rampa, **4.00**

Pour une radio civilisée, G. Proulx, **2.00**

Prague, l'été des tanks, collaboration, **3.00**

Premiers sur la lune, Armstrong-Aldrin-Collins, **6.00**

Prisonniers à l'Oflag 79, P. Vallée, **1.00**

Prostitution à Montréal (La), T. Limoges, **1.50**

Provencher, le dernier des coureurs des bois, P. Provencher, **6.00**

Québec 1800, W.H. Bartlett, **15.00**

Rage des goof-balls (La), A. Stanké, M.J. Beaudoin, **1.00**

Rescapée de l'enfer nazi, R. Charrier, **1.50**

Révolte contre le monde moderne, J. Evola, **6.00**

Riopelle, G. Robert, **3.50**

Struma (Le), M. Solomon, **7.00**

Terrorisme québécois (Le), Dr G. Morf, **3.00**

Ti-blanc, mouton noir, R. Laplante, **2.00**

Treizième chandelle (La), L. Rampa, **4.00**

Trois vies de Pearson (Les), Poliquin-Beal, **3.00**

Trudeau, le paradoxe, A. Westell, **5.00**

Un peuple oui, une peuplade jamais! J. Lévesque, **3.00**

Un Yankee au Canada, A. Thério, **1.00**

Une culture appelée québécoise, G. Turi, **2.00**

Vizzini, S. Vizzini, **5.00**

Vrai visage de Duplessis (Le), P. Laporte, **2.00**

ENCYCLOPEDIES

Encyclopédie de la maison québécoise, Lessard et Marquis, **8.00**

Encyclopédie des antiquités du Québec, Lessard et Marquis, **7.00**

Encyclopédie des oiseaux du Québec, W. Earl Godfrey, **8.00**

Encyclopédie du jardinier horticulteur, W.H. Perron, **8.00**

Encyclopédie du Québec, Vol. I et Vol. II, L. Landry, **6.00 ch.**

ESTHETIQUE ET VIE MODERNE

Cellulite (La), Dr G.J. Léonard, 4.00
Chirurgie plastique et esthétique (La),
    Dr A. Genest, 2.00
Embellissez votre corps, J. Ghedin, 2.00
Embellissez votre visage, J. Ghedin, 1.50
Etiquette du mariage, Fortin-Jacques,
    Farley, 4.00
Exercices pour rester jeune, T. Sekely, 3.00
Exercices pour toi et moi,
    J. Dussault-Corbeil, 5.00
Face-lifting par l'exercice (Le),
    S.M. Rungé, 4.00
Femme après 30 ans (La), N. Germain, 3.00

Femme émancipée (La), N. Germain et
    L. Desjardins, 2.00
Leçons de beauté, E. Serei, 2.50
Médecine esthétique (La),
    Dr G. Lanctôt, 5.00
Savoir se maquiller, J. Ghedin, 1.50
Savoir-vivre, N. Germain, 2.50
Savoir-vivre d'aujourd'hui (Le),
    M.F. Jacques, 3.00
Sein (Le), collaboration, 2.50
Soignez votre personnalité, messieurs,
    E. Serei, 2.00
Vos cheveux, J. Ghedin, 2.50
Vos dents, Archambault-Déom, 2.00

LINGUISTIQUE

Améliorez votre français, J. Laurin, 4.00
Anglais par la méthode choc (L'),
    J.L. Morgan, 3.00
Corrigeons nos anglicismes, J. Laurin, 4.00
Dictionnaire en 5 langues, L. Stanké, 2.00

Petit dictionnaire du joual au français,
    A. Turenne, 3.00
Savoir parler, R.S. Catta, 2.00
Verbes (Les), J. Laurin, 4.00

LITTERATURE

Amour, police et morgue, J.M. Laporte, 1.00
Bigaouette, R. Lévesque, 2.00
Bousille et les justes, G. Gélinas, 3.00
Berger (Les), M. Cabay-Marin, Ed. TM, 5.00
Candy, Southern & Hoffenberg, 3.00
Cent pas dans ma tête (Les), P. Dudan, 2.50
Commettants de Caridad (Les),
    Y. Thériault, 2.00
Des bois, des champs, des bêtes,
    J.C. Harvey, 2.00
Ecrits de la Taverne Royal, collaboration, 1.00
Exodus U.K., R. Rohmer, 8.00
Exxoneration, R. Rohmer, 7.00
Homme qui va (L'), J.C. Harvey, 2.00
J'parle tout seul quand j'en narrache,
    E. Coderre, 3.00
Malheur a pas des bons yeux (Le),
    R. Lévesque, 2.00
Marche ou crève Carignan, R. Hollier, 2.00
Mauvais bergers (Les), A.E. Caron, 1.00

Mes anges sont des diables,
    J. de Roussan, 1.00
Mon 29e meurtre, Joey, 8.00
Montréalités, A. Stanké, 1.50
Mort attendra (La), A. Malavoy, 1.00
Mort d'eau (La), Y. Thériault, 2.00
Ni queue, ni tête, M.C. Brault, 1.00
Pays voilés, existences, M.C. Blais, 1.50
Pomme de pin, L.P. Dlamini, 2.00
Printemps qui pleure (Le), A. Thério, 1.00
Propos du timide (Les), A. Brie, 1.00
Séjour à Moscou, Y. Thériault, 2.00
Tit-Coq, G. Gélinas, 4.00
Toges, bistouris, matraques et soutanes,
    collaboration, 1.00
Ultimatum, R. Rohmer, 6.00
Un simple soldat, M. Dubé, 4.00
Valérie, Y. Thériault, 2.00
Vertige du dégoût (Le), E.P. Morin, 1.00

LIVRES PRATIQUES – LOISIRS

Aérobix, Dr P. Gravel, 3.00
Alimentation pour futures mamans,
    T. Sekely et R. Gougeon, 4.00

Améliorons notre bridge, C. Durand, 6.00
Apprenez la photographie avec Antoine
    Desilets, A. Desilets, 5.00

Arbres, les arbustes, les haies (Les),
  P. Pouliot, 7.00
Armes de chasse (Les), Y. Jarrettie, 3.00
Astrologie et l'amour (L'), T. King, 6.00
Bougies (Les), W. Schutz, 4.00
Bricolage (Le), J.M. Doré, 4.00
Bricolage au féminin (Le), J.-M. Doré, 3.00
Bridge (Le), V. Beaulieu, 4.00
Camping et caravaning, J. Vic et
  R. Savoie, 2.50
Caractères par l'interprétation des visages,
  (Les), L. Stanké, 4.00
Ciné-guide, A. Lafrance, 3.95
Chaînes stéréophoniques (Les),
  G. Poirier, 6.00
Cinquante et une chansons à répondre,
  P. Daigneault, 3.00
Comment amuser nos enfants,
  L. Stanké, 4.00
Comment tirer le maximum d'une mini-
  calculatrice, H. Mullish, 4.00
Conseils à ceux qui veulent bâtir,
  A. Poulin, 2.00
Conseils aux inventeurs, R.A. Robic, 3.00
Couture et tricot, M.H. Berthouin, 2.00
Dictionnaire des mots croisés,
  noms propres, collaboration, 6.00
Dictionnaire des mots croisés,
  noms communs, P. Lasnier, 5.00
Fins de partie aux dames,
  H. Tranquille, G. Lefebvre, 4.00
Fléché (Le), L. Lavigne et F. Bourret, 4.00
Fourrure (La), C. Labelle, 4.00
Guide complet de la couture (Le),
  L. Chartier, 4.00
Guide de la secrétaire, M. G. Simpson, 6.00
Hatha-yoga pour tous, S. Piuze, 4.00
8/Super 8/16, A. Lafrance, 5.00
Hypnotisme (L'), J. Manolesco, 3.00
Information Voyage, R. Viau et J. Daunais,
  Ed. TM, 6.00
Interprétez vos rêves, L. Stanké, 4.00

J'installe mon équipement stéréo, T. I et II,
  J.M. Doré, 3.00 ch.
Jardinage (Le), P. Pouliot, 4.00
Je décore avec des fleurs, M. Bassili, 4.00
Je développe mes photos, A. Desilets, 6.00
Je prends des photos, A. Desilets, 6.00
Jeux de cartes, G. F. Hervey, 10.00
Jeux de société, L. Stanké, 3.00
Lignes de la main (Les), L. Stanké, 4.00
Magie et tours de passe-passe,
  I. Adair, 4.00
Massage (Le), B. Scott, 4.00
Météo (La), A. Ouellet, 3.00
Nature et l'artisanat (La), P. Roy, 4.00
Noeuds (Les), G.R. Shaw, 4.00
Origami I, R. Harbin, 3.00
Origami II, R. Harbin, 3.00
Ouverture aux échecs (L'), C. Coudari, 4.00
Parties courtes aux échecs,
  H. Tranquille, 5.00
Petit manuel de la femme au travail,
  L. Cardinal, 4.00
Photo-guide, A. Desilets, 3.95
Plantes d'intérieur (Les), P. Pouliot, 7.00
Poids et mesures, calcul rapide,
  L. Stanké, 3.00
Tapisserie (La), T.-M. Perrier,
  N.-B. Langlois, 5.00
Taxidermie (La), J. Labrie, 4.00
Technique de la photo, A. Desilets, 6.00
Techniques du jardinage (Les),
  P. Pouliot, 6.00
Tenir maison, F.G. Smet, 3.00
Tricot (Le), F. Vandelac, 4.00
Vive la compagnie, P. Daigneault, 3.00
Vivre, c'est vendre, J.M. Chaput, 4.00
Voir clair aux dames, H. Tranquille, 3.00
Voir clair aux échecs, H. Tranquille et
  G. Lefebvre, 4.00
Votre avenir par les cartes, L. Stanké, 4.00
Votre discothèque, P. Roussel, 4.00
Votre pelouse, P. Pouliot, 5.00

LE MONDE DES AFFAIRES ET LA LOI

ABC du marketing (L'), A. Dahamni, 3.00
Bourse (La), A. Lambert, 3.00
Budget (Le), collaboration, 4.00
Ce qu'en pense le notaire, Me A. Senay, 2.00
Connaissez-vous la loi? R. Millet, 3.00
Dactylographie (La), W. Lebel, 2.00
Dictionnaire de la loi (Le), R. Millet, 2.50
Dictionnaire des affaires (Le), W. Lebel, 3.00
Dictionnaire économique et financier,
  E. Lafond, 4.00

Divorce (Le), M. Champagne et Léger, 3.00
Guide de la finance (Le), B. Pharand, 2.50
Initiation au système métrique,
  L. Stanké, 5.00
Loi et vos droits (La),
  Me P.A. Marchand, 5.00
Savoir organiser, savoir décider,
  G. Lefebvre, 4.00
Secrétaire (Le/La) bilingue, W. Lebel, 2.50

PATOF

Cuisinons avec Patof, J. Desrosiers, 1.29

Patof raconte, J. Desrosiers, 0.89
Patofun, J. Desrosiers, 0.89

SANTE, PSYCHOLOGIE, EDUCATION

Activité émotionnelle (L'), P. Fletcher, 3.00
Allergies (Les), Dr P. Delorme, 4.00
Apprenez à connaître vos médicaments,
  R. Poitevin, 3.00
Caractères et tempéraments,
  C.-G. Sarrazin, 3.00
Comment animer un groupe,
  collaboration, 4.00
Comment nourrir son enfant,
  L. Lambert-Lagacé, 4.00
Comment vaincre la gêne et la timidité,
  R.S. Catta, 3.00
Communication et épanouissement
  personnel, L. Auger, 4.00
Complexes et psychanalyse,
  P. Valinieff, 4.00
Contact, L. et N. Zunin, 6.00
Contraception (La), Dr L. Gendron, 3.00
Cours de psychologie populaire,
  F. Cantin, 4.00
Dépression nerveuse (La), collaboration, 4.00
Développez votre personnalité,
  vous réussirez, S. Brind'Amour, 3.00
Douze premiers mois de mon enfant (Les),
  F. Caplan, 10.00
Dynamique des groupes,
  Aubry-Saint-Arnaud, 3.00
En attendant mon enfant,
  Y.P. Marchessault, 4.00
Femme enceinte (La), Dr R. Bradley, 4.00
Guérir sans risques, Dr E. Plisnier, 3.00
Guide des premiers soins, Dr J. Hartley, 4.00

Guide médical de mon médecin de famille,
  Dr M. Lauzon, 3.00
Langage de votre enfant (Le),
  C. Langevin, 3.00
Maladies psychosomatiques (Les),
  Dr R. Foisy, 3.00
Maman et son nouveau-né (La),
  T. Sekely, 3.00
Mathématiques modernes pour tous,
  G. Bourbonnais, 4.00
Méditation transcendantale (La),
  J. Forem, 6.00
Mieux vivre avec son enfant, D. Calvet, 4.00
Parents face à l'année scolaire (Les),
  collaboration, 2.00
Personne humaine (La), Y. Saint-Arnaud, 4.00
Pour bébé, le sein ou le biberon,
  Y. Pratte-Marchessault, 4.00
Pour vous future maman, T. Sekely, 3.00
15/20 ans, F. Tournier et P. Vincent, 4.00
Relaxation sensorielle (La), Dr P. Gravel, 3.00
S'aider soi-même, L. Auger, 4.00
Soignez-vous par le vin, Dr E. A. Maury, 4.00
Volonté (La), l'attention, la mémoire,
  R. Tocquet, 4.00
Vos mains, miroir de la personnalité,
  P. Maby, 3.00
Votre personnalité, votre caractère,
  Y. Benoist-Morin, 3.00
Yoga, corps et pensée, B. Leclerq, 3.00
Yoga, santé totale pour tous,
  G. Lescouflar, 3.00

SEXOLOGIE

Adolescent veut savoir (L'),
  Dr L. Gendron, 3.00
Adolescente veut savoir (L'),
  Dr L. Gendron, 3.00
Amour après 50 ans (L'), Dr L. Gendron, 3.00
Couple sensuel (Le), Dr L. Gendron, 3.00
Déviations sexuelles (Les), Dr Y. Léger, 4.00
Femme et le sexe (La), Dr L. Gendron, 3.00
Helga, E. Bender, 6.00
Homme et l'art érotique (L'),
  Dr L. Gendron, 3.00
Madame est servie, Dr L. Gendron, 2.00

Maladies transmises par relations
  sexuelles, Dr L. Gendron, 2.00
Mariée veut savoir (La), Dr L. Gendron, 3.00
Ménopause (La), Dr L. Gendron, 3.00
Merveilleuse histoire de la naissance (La),
  Dr L. Gendron, 4.50
Qu'est-ce qu'un homme, Dr L. Gendron, 3.00
Qu'est-ce qu'une femme, Dr L. Gendron, 4.00
Quel est votre quotient psycho-sexuel?
  Dr L. Gendron, 3.00
Sexualité (La), Dr L. Gendron, 3.00
Teach-in sur la sexualité,
  Université de Montréal, 2.50
Yoga sexe, Dr L. Gendron et S. Piuze, 4.00

SPORTS (collection dirigée par Louis Arpin)

ABC du hockey (L'), H. Meeker, 4.00
Aikido, au-delà de l'agressivité,
  M. Di Villadorata, 4.00
Bicyclette (La), J. Blish, 4.00

Comment se sortir du trou au golf,
  Brien et Barrette, 4.00
Courses de chevaux (Les), Y. Leclerc, 3.00

Devant le filet, J. Plante, **4.00**
D. Brodeur, **4.00**
Entraînement par les poids et haltères,
F. Ryan, **3.00**
Expos, cinq ans après,
D. Brodeur, J.-P. Sarrault, **3.00**
Football (Le), collaboration, **2.50**
Football professionnel, J. Séguin, **3.00**
Guide de l'auto (Le) (1967), J. Duval, **2.00**
(1968-69-70-71), **3.00** chacun
Guy Lafleur, Y. Pedneault et D. Brodeur, **4.00**
Guide du judo, au sol (Le), L. Arpin, **4.00**
Guide du judo, debout (Le), L. Arpin, **4.00**
Guide du self-defense (Le), L. Arpin, **4.00**
Guide du trappeur,
P. Provencher, **4.00**
Initiation à la plongée sous-marine,
R. Goblot, **5.00**
J'apprends à nager, R. Lacoursière, **4.00**
Jocelyne Bourassa,
J. Barrette et D. Brodeur, **3.00**
Jogging (Le), R. Chevalier, **5.00**
Karaté (Le), Y. Nanbu, **4.00**
Kung-fu, R. Lesourd, **5.00**
Livre des règlements, LNH, **1.50**
Lutte olympique (La), M. Sauvé, **4.00**
Match du siècle: Canada-URSS,
D. Brodeur, G. Terroux, **3.00**
Mon coup de patin, le secret du hockey,
J. Wild, **3.00**
Moto (La), Duhamel et Balsam, **4.00**

Natation (La), M. Mann, **2.50**
Natation de compétition (La),
R. Lacoursière, **3.00**
Parachutisme (Le), C. Bédard, **5.00**
Pêche au Québec (La), M. Chamberland, **5.00**
Petit guide des Jeux olympiques,
J. About, M. Duplat, **2.00**
Puissance au centre, Jean Béliveau,
H. Hood, **3.00**
Raquette (La), Osgood et Hurley, **4.00**
Ski (Le), W. Schaffler-E. Bowen, **3.00**
Ski de fond (Le), J. Caldwell, **4.00**
Soccer, G. Schwartz, **3.50**
Stratégie au hockey (La), J.W. Meagher, **3.00**
Surhommes du sport, M. Desjardins, **3.00**
Techniques du golf,
L. Brien et J. Barrette, **4.00**
Techniques du tennis, Ellwanger, **4.00**
Tennis (Le), W.F. Talbert, **3.00**
Tous les secrets de la chasse,
M. Chamberland, **3.00**
Tous les secrets de la pêche,
M. Chamberland, **3.00**
36-24-36, A. Coutu, **3.00**
Troisième retrait (Le), C. Raymond,
M. Gaudette, **3.00**
Vivre en forêt, P. Provencher, **4.00**
Vivre en plein air, P. Gingras, **4.00**
Voie du guerrier (La), M. di Villadorata, **4.00**
Voile (La), Nik Kebedgy, **5.00**

Ouvrages parus à
L'ACTUELLE JEUNESSE

Echec au réseau meurtrier, R. White, **1.00**
Engrenage (L'), C. Numainville, **1.00**
Feuilles de thym et fleurs d'amour,
M. Jacob, **1.00**
Lady Sylvana, L. Morin, **1.00**
Moi ou la planète, C. Montpetit, **1.00**

Porte sur l'enfer, M. Vézina, **1.00**
Silences de la croix du Sud (Les),
D. Pilon, **1.00**
Terreur bleue (La), L. Gingras, **1.00**
Trou (Le), S. Chapdelaine, **1.00**
Une chance sur trois, S. Beauchamp, **1.00**
22,222 milles à l'heure, G. Gagnon, **1.00**

Ouvrages parus à
L'ACTUELLE

Aaron, Y. Thériault, **3.00**

Agaguk, Y. Thériault, **4.00**

Allocutaire (L'), G. Langlois, **2.50**
Bois pourri (Le), A. Maillet, **2.50**
Carnivores (Les), F. Moreau, **2.50**
Carré Saint-Louis, J.J. Richard, **3.00**
Centre-ville, J.-J. Richard, **3.00**
Chez les termites,
 M. Ouellette-Michalska, **3.00**
Cul-de-sac, Y. Thériault, **3.00**
D'un mur à l'autre, P.A. Bibeau, **2.50**
Danka, M. Godin, **3.00**
Débarque (La), R. Plante, **3.00**
Demi-civilisés (Les), J.C. Harvey, **3.00**
Dernier havre (Le), Y. Thériault, **3.00**
Domaine de Cassaubon (Le),
 G. Langlois, **3.00**
Dompteur d'ours (Le), Y. Thériault, **3.00**
Doux Mal (Le), A. Maillet, **3.00**
En hommage aux araignées, E. Rochon, **3.00**
Et puis tout est silence, C. Jasmin, **3.00**
Faites de beaux rêves, J. Poulin, **3.00**
Fille laide (La), Y. Thériault, **4.00**
Fréquences interdites, P.-A. Bibeau, **3.00**
Fuite immobile (La), G. Archambault, **3.00**

Jeu des saisons (Le),
 M. Ouellette-Michalska, **2.50**
Marche des grands cocus (La),
 R. Fournier, **3.00**
Monsieur Isaac, N. de Bellefeuille et
 G. Racette, **3.00**
Mourir en automne, C. de Cotret, **2.50**
N'Tsuk, Y. Thériault **3.00**
Neuf jours de haine, J.J. Richard, **3.00**
New Medea, M. Bosco, **3.00**
Ossature (L'), R. Morency, **3.00**
Outaragasipi (L'), C. Jasmin, **3.00**
Petite fleur du Vietnam (La),
 C. Gaumont, **3.00**
Pièges, J.J. Richard, **3.00**
Porte Silence, P.A. Bibeau, **2.50**
Requiem pour un père, F. Moreau, **2.50**
Scouine (La), A. Laberge, **3.00**
Tayaout, fils d'Agaguk, Y. Thériault, **3.00**
Tours de Babylone (Les), M. Gagnon, **3.00**
Vendeurs du Temple (Les), Y. Thériault, **3.00**
Visages de l'enfance (Les), D. Blondeau, **3.00**
Vogue (La), P. Jeancard, **3.00**

Ouvrages parus aux
PRESSES
LIBRES

Amour (L'), collaboration **7.00**
Amour humain (L'), R. Fournier, **2.00**
Anik, Gilan, **3.00**
Ariâme . . .Plage nue, P. Dudan, **3.00**
Assimilation pourquoi pas? (L'),
 L. Landry, **2.00**
Aventures sans retour, C.J. Gauvin, **3.00**
Bateau ivre (Le), M. Metthé, **2.50**
Cent Positions de l'amour (Les),
 H. Benson, **4.00**
Comment devenir vedette, J. Beaulne, **3.00**
Couple sensuel (Le), Dr L. Gendron, **3.00**
Démesure des Rois (La),
 P. Raymond-Pichette, **4.00**
Des Zéroquois aux Québécois,
 C. Falardeau, **2.00**
Emmanuelle à Rome, **5.00**
Exploits du Colonel Pipe (Les),
 R. Pradel, **3.00**
Femme au Québec (La),
 M. Barthe et M. Dolment, **3.00**
Franco-Fun Kébecwa, F. Letendre, **2.50**
Guide des caresses, P. Valinieff, **4.00**
Incommunicants (Les), L. Leblanc, **2.50**
Initiation à Menke Katz, A. Amprimoz, **1.50**
Joyeux Troubadours (Les), A. Rufiange, **2.00**
Ma cage de verre, M. Metthé, **2.50**

Maria de l'hospice, M. Grandbois, **2.00**
Menues, dodues, Gilan, **3.00**
Mes expériences autour du monde,
 R. Boisclair, **3.00**
Mine de rien, G. Lefebvre, **3.00**
Monde agricole (Le), J.C. Magnan, **3.50**
Négresse blonde aux yeux bridés (La),
 C. Falardeau, **2.00**
Niska, G. Robert, **12.00**
Paradis sexuel des aphrodisiaques (Le),
 M. Rouet, **4.00**
Plaidoyer pour la grève et la contestation,
 A. Beaudet, **2.00**
Positions +, J. Ray, **4.00**
Pour une éducation de qualité au Québec,
 C.H. Rondeau, **2.00**
Québec français ou Québec québécois,
 L. Landry, **3.00**
Rêve séparatiste (Le), L. Rochette, **2.00**
Sans soleil, M. D'Allaire, **4.00**
Séparatiste, non, 100 fois non!
 Comité Canada, **2.00**
Terre a une taille de guêpe (La),
 P. Dudan, **3.00**
Tocap, P. de Chevigny, **2.00**
Virilité et puissance sexuelle, M. Rouet, **4.00**
Voix de mes pensées (La), E. Limet, **2.50**

Books published by HABITEX

Aikido, M. di Villadorata, **3.95**
Blender recipes, J. Huot, **3.95**
Caring for your lawn, P. Pouliot, **4.95**
Cellulite, G .Léonard, **3.95**
Complete guide to judo (The), L. Arpin, **4.95**
Complete Woodsman (The),
   P. Provencher, **3.95**
Developping your photographs,
   A. Desilets, **4.95**
8/Super 8/16, A. Lafrance, **4.95**
Feeding your child, L. Lambert-Lagacé, **3.95**
Fondues and Flambes,
   S. and L. Lapointe, **2.50**
Gardening, P. Pouliot, **5.95**
Guide to Home Canning (A),
   Sister Berthe, **4.95**
Guide to Home Freezing (A),
   S. Lapointe, **3.95**
Guide to self-defense (A), L. Arpin, **3.95**
Help Yourself, L. Auger, **3.95**

Interpreting your Dreams, L. Stanké, **2.95**
Living is Selling, J.-M. Chaput, **3.95**
Mozart seen through 50 Masterpieces,
   P. Roussel, **6.95**
Music in Canada 1600-1800,
   B. Amtmann, **10.00**
Photo Guide, A. Desilets, **3.95**
Sailing, N. Kebedgy, **4.95**
Sansukai Karate, Y. Nanbu, **3.95**
"Social" Diseases, L. Gendron, **2.50**
Super 8 Cine Guide, A. Lafrance, **3.95**
Taking Photographs, A. Desilets, **4.95**
Techniques in Photography, A. Desilets, **5.95**
Understanding Medications, R. Poitevin, **2.95**
Visual Chess, H. Tranquille, **2.95**
Waiting for your child,
   Y. Pratte-Marchessault, **3.95**
Wine: A practical Guide for Canadians,
   P. Petel, **2.95**
Yoga and your Sexuality, S. Piuze and
   Dr. L. Gendron, **3.95**

Diffusion Europe

Belgique: 21, rue Defacqz — 1050 Bruxelles
France: 4, rue de Fleurus — 75006 Paris

CANADA	BELGIQUE	FRANCE
$ 2.00	100 FB	13 F
$ 2.50	125 FB	16,25 F
$ 3.00	150 FB	19,50 F
$ 3.50	175 FB	22,75 F
$ 4.00	200 FB	26 F
$ 5.00	250 FB	32,50 F
$ 6.00	300 FB	39 F
$ 7.00	350 FB	45,50 F
$ 8.00	400 FB	52 F
$ 9.00	450 FB	58,50 F
$10.00	500 FB	65 F